MITOS Y FALACIAS DE LA HISTORIA DE ESPAÑA

MITOS Y FALACIAS DE LA HISTORIA DE ESPAÑA

César Vidal

EDICIONES B
GRUPO ZETA

Barcelona • Bogotá • Buenos Aires • Caracas • Madrid • México D.F. • Montevideo • Quito • Santiago de Chile

1.ª edición: noviembre 2009

Bailén, 84 - 08009 Barcelona (España)
www.edicionesb.com

Printed in Spain
ISBN: 978-84-666-4058-9
Depósito legal: B. 34.802-2009

Impreso por LIBERDÚPLEX, S.L.U.
Ctra. BV 2249 Km 7,4 Polígono Torrentfondo
08791 - Sant Llorenç d'Hortons (Barcelona)

Índice

Introducción 9
I. España se convirtió en nación en el s. XV .. 11
II. En España no hubo Reforma 27
III. Don Carlos fue una víctima de Felipe II ... 49
IV. El Corpus de sangre fue una revuelta del nacionalismo catalán 59
V. Cervantes fue un cristiano nuevo 73
VI. Rafael Casanova fue un nacionalista catalán 81
VII. Gibraltar no es español 89
VIII. El levantamiento del Dos de Mayo fue una respuesta de toda la nación ante el invasor francés 103
IX. Mariana Pineda fue una heroína de la libertad 127
X. Isabel II fue una reina legítima 139
XI. Los hispanoamericanos eran fervientes independentistas 151
XII. La Generación del 98 fue de izquierdas 165
XIII. La Constitución republicana no estuvo influida por la masonería 183

XIV. El voto femenino fue una conquista de las izquierdas 195
XV. La revolución de 1934 fue una respuesta a la amenaza fascista contra la República 207
XVI. La represión del Frente popular fue espontánea 225
XVII. El PNV fue un partido leal al Frente popular 255
XVIII. Negrín nunca se sometió a Stalin 269
XIX. Franco cometió un genocidio cultural con el catalán 285
XX. El 11-M fue un atentado islámico provocado por la guerra de Iraq 295
Bibliografía comentada 331
Índice onomástico 345

INTRODUCCIÓN

Seguramente son muchos los lectores que conocen aquella historia referente a un octogenario que acude al médico para efectuar una consulta. Cuando el facultativo le invita a contarle su problema, el anciano le dice: «Mire, doctor. Yo todos los días mantengo relaciones sexuales tres veces. Eso... ¿es bueno o malo?» El médico mira de hito en hito a su interlocutor y le responde: «Eso no es ni bueno ni malo... es mentira.»

Cuento esta anécdota porque muchas de las afirmaciones que se escuchan —con notable tono dogmático y pontificador— en el terreno de la Historia merecen, de entrada, un juicio semejante. No es que sean buenas o malas, es que son mentira. Lo grave es que muchas de esas mentiras —mitos y falacias— buscan, de manera no tan neutra moralmente, forjar una especie de «verdad oficial» de la que se espera, no sin razón, obtener beneficios. Éticamente, a diferencia de las jactancias del personaje de nuestra historieta, esos comportamientos sí que son abiertamente perversos. Se trata, en última instancia, de engañar y manipular para someter con más facilidad a los semejantes a los propios intereses. Dicho sea de paso, ése y no otro fue el pecado de la serpiente en el huerto del edén: mentir para dominar. Dicho sea también de paso, el resultado sobre los engañados es siempre el mismo: son utilizados y luego tienen que cargar con las consecuencias de haber creído en la mentira. Dicho sea, por último, de paso, del historiador honrado se espera que desvele esos mitos y falacias y no que los propale como si fuera un comisario político.

En este volumen he recogido algunos de esos mitos y falacias referidos de manera muy concreta a la historia de España. Comprobarán los lectores que rara vez son inocentes y proceden de la mera ignorancia. A decir verdad, tienen —o han tenido— intencionalidades muy concretas de creación del discurso social con fines de mantener o alcanzar el poder. Y es que, a lo largo de la Historia, el ser humano no suele dar muchas muestras de candor. Lo comprobarán en las páginas siguientes. Pero no los entretengo más. Los mitos y las falacias los están esperando.

Madrid-Jerusalén-Madrid-Key Bizcayne,
primavera-verano de 2009

I

ESPAÑA SE CONVIRTIÓ EN NACIÓN EN EL S. XV

En el curso de las últimas décadas, ha existido una agresiva insistencia encaminada a negar a España la calidad de nación o, al menos, a asignarle esa condición en fecha muy tardía. Así se ha repetido hasta la saciedad la inexistencia de España hasta finales del s. XV *con la reunificación llevada a cabo por los Reyes Católicos o incluso —¡mayúsculo disparate!— hasta la promulgación de la Constitución liberal de Cádiz de 1812.*

La realidad histórica es que España es una de las naciones más antiguas de Europa —quizás incluso la que más— y que es precisamente esa conciencia de ser nación la que explica fenómenos verdaderamente extraordinarios como la Reconquista.

El nacimiento de España —la Hispania romana— como nación debe no poco a acontecimientos que tuvieron lugar en Extremo Oriente. En el s. I a. de C., precisamente cuando Hispania estaba atravesando por un proceso de romanización que marcará de manera esencial su historia, el general chino Pan-Chao obtuvo una sonora victoria contra los hunos. Al no poder éstos expandirse hacia oriente, se dirigieron a occidente y en el curso de los siglos siguientes empujaron —o aniquilaron— a su vez, a todos los pueblos que encontraron a su paso. De entre éstos, los más importantes fueron los godos —arios y de lengua indoeuropea como el griego y el latín— que avanzaron hacia las fronteras romanas en un intento de escapar de la presión procedente de Oriente.

A finales del s. IV, los visigodos —los godos occidentales— llamaban desesperados a las puertas del Imperio romano suplicando que se les franqueara la entrada para así escapar del exterminio a manos de los hunos. Roma accedió —sellando así su propio destino— y el acuerdo quedó sellado formalmente en 376 entre el emperador Valente y el rey de los visigodos. Los arios recién llegados debían instalarse en la región de Mesia, actual Bulgaria, y servir allí de valladar al imperio frente a las nuevas y amenazantes migraciones. Sin embargo, la Historia resulta incontrolable por los mortales, como supieron advertir tanto los sabios de Grecia como los profetas de Israel. En tan sólo medio siglo, los visigodos no sólo abandonaron la pactada Mesia y se adentraron por los territorios del imperio sino que, por añadidura, cruzaron los Pirineos e invadieron una Hispania que era, ante todo, romana y cristiana.

En el año 476, un siglo justo después del pacto con los godos, el Imperio romano se desplomó en Occidente ante el empuje de las distintas inmigraciones de pueblos bárbaros. A esas alturas, los visigodos habían creado un reino que se hallaba situado a horcajadas sobre Hispania y el sur de las Galias. En 507, derrotados por el rey franco Clodoveo, los visigodos se replegaron en las Galias y establecieron la capital de su reino al sur de los Pirineos. Su número era escaso —en torno a los doscientos mil— y no fueron acogidos, en general, de manera hostil por los hispanorromanos. Semejante comportamiento no es de extrañar porque, tras padecer las invasiones de suevos, vándalos y alanos y los males inherentes a la falta de orden, para los hispanorromanos los visigodos significaban la estabilidad, circunstancia esta, dicho sea de paso, que apenas se veía empañada por el hecho de que sustentaran ideas heréticas. Los visigodos eran arrianos y, a diferencia de los cristianos hispanos, no creían en la doctrina bíblica de la Trinidad.

Los aportes de los visigodos fueron escasos —poco más de la alcachofa, el lúpulo y las espinacas— pero, curiosamente, de su mano vendría el nacimiento de la nación española. Como todos los arios desde los que invadieron la India en el II milenio a. de C. a los seguidores del nacionalsocialismo alemán, los visigodos no deseaban mezclas raciales y mucho menos contraer matrimonio con la población dominada. Sin embargo, a diferencia de otras experiencias históricas paralelas, los godos encontraron en Hispania una cultura superior a la que llevaban consigo. Abrumados ante una vida urbana que, a pesar del desplome del imperio, seguía siendo pujante y ante la existencia de un sistema educativo basado en las escuelas municipales, los bárbaros recién llegados del norte acabaron por absorber la cultura hispanorromana, incluida la lengua latina. Paso a paso fueron derribando las barreras que ellos mismos habían levantado frente a la población hispanorromana y justo ochenta años después de la invasión incluso reconocieron la superioridad del cristianismo de los hispanorromanos sobre el arriano que ellos profesaban recibiendo el rey visigodo Recaredo el bautismo.

No se trató, sin embargo, de una mera absorción de la cultura romana. En realidad, se produjo una mutación mucho más profunda y llamada a tener una existencia más que milenaria. Aniquilado sin remisión el imperio, tanto los habitantes de la península que procedían de una estirpe goda como los que hundían sus raíces en el humus hispanorromano comenzaron a considerarse miembros de una nación independiente, ya no vinculada a imperio alguno, a la que daban el viejo nombre romano, Hispania, España.

Esta conciencia de españolidad aparece de manera absolutamente irrefutable precisamente en el representante más cualificado de la cultura hispana: Isidoro de Sevilla. Autor de la gran enciclopedia de la época, las *Etimologías*, Isidoro redactó precisamente un canto a su patria amada que, entre otras cosas, decía:

> ¡Oh España! La más hermosa de todas las naciones que se extienden desde Occidente hasta la India. Tierra bendita y feliz, madre de muchos pueblos... de ti reciben la luz el Oriente y el Occidente. Tú, honra y prez de todo el orbe; tú, el país más ilustre del globo... No hay en el mundo región mejor situada. Ni te abrasa el estío ni te hiela el rigor del invierno sino que, circundada por un clima templado, te nutren céfiros blandos. Cuanto hay de fecundo en los ejidos, de precioso en las minas y de provechoso en los animales, tú lo produces... Rica, por lo tanto, en hijos, joyas y púrpuras, fecunda también en gobernantes y en hombres que poseen el don de mandar, te muestras tan fecunda en adornar príncipes como feliz en producirlos. Con razón, ya hace mucho tiempo, te deseó la dorada Roma, cabeza de gentes, y, aunque vencedor, aquel empuje romano te desposara primero, luego, el muy floreciente pueblo de los godos, tras haber conseguido numerosas victorias, a su vez te tomó y te amó...

Difícilmente hubiera podido expresar nadie mejor el sentimiento de orgullo de nación que imbuía a los hispanos. Mezcla de la herencia romana, la cristiana y, en menor medida, la germánica, consideraban entonces a España no sólo una nación, sino una nación especialmente dichosa.

Semejantes afirmaciones resultan aún más dignas de tener en consideración cuando se comprende, primero, que el reino visigodo no fue especialmente estable a causa de su raíz germánica que, por ejemplo, insistía en el mantenimiento de una monarquía electiva y, segundo, que, a pesar de ello, la cultura española de los ss. VI y VII d. de C. resultó con mucho la más refinada y extraordinaria de todo Occidente. Junto a reyes poetas como Sisebuto (612-

621) encontramos a figuras de primer orden como el erudito Isidoro, el poeta Merobaudes, los historiadores Paulo Orosio e Idacio, el filósofo Juan de Bíclaro o el teólogo Leandro de Sevilla. Son ejemplos —y no una relación exhaustiva— de una cultura floreciente, pujante y fecunda que se sustentaba en un sistema educativo ya en vigor desde el s. V y que, a la sazón, carecía de paralelos en el Occidente que antaño había sido romano.

No deja de ser significativo que, a diferencia de lo que sucedería con otras naciones europeas, España ya contaba entonces con unas características bien definidas que se mantendrían a lo largo de los siglos. Se trataba, fundamentalmente, de su herencia romana y de su identificación con una cosmovisión cristiana hasta el punto de que los mismos godos se verán absorbidos por ella. Sobre esa nación romanizada e independiente, con unas endebles estructuras políticas inficionadas entre otros males de sectarismo y antisemitismo, pero provista de una cultura en aquellos momentos incomparable, descargó sus golpes la invasión islámica.

A inicios del s. VIII, España comenzó a sufrir la terrible tragedia de verse agredida por los invasores islámicos. El resultado fue verdaderamente pavoroso. Sin embargo, igual que sucedería con otros momentos trágicos de su historia, si, por un lado, las instituciones se desplomaron; por otro, la reacción del pueblo resultó excepcionalmente aguerrida. A decir verdad, la gesta española contra el islam carece de paralelos en la historia universal. Junto con algunas porciones de Italia y de Europa oriental, España fue uno de los escasos territorios invadidos que consiguió librarse del yugo islámico. Sin embargo, a diferencia de la Grecia del s. XIX, por citar un ejemplo, España recuperó su libertad sin ayuda extranjera.

De manera bien significativa, para los musulmanes, España nunca fue una nación a la que pertenecieran sino una porción más del dominio del islam sobre el mundo. Durante las primeras décadas de ocupación —una ocupación nada fácil en contra de lo que suele afirmarse— España constituyó el apéndice más alejado del califato de Damasco. Con los abasidas siendo califas de Bagdad, se convirtió en un lugar remoto en el que habían encontrado refugio los últimos omeyas que acabaron constituyendo un califato alternativo. Precisamente cuando ese califato saltó atomizado en multitud de taifas, sus régulos tampoco contemplaron a España como nación sino que todo su interés se centró en mantener su poder sobre pequeñas entidades políticas. Finalmente, para los sucesivos invasores norteafricanos —almorávides, almohades y benimerines— España sólo fue una presa más en el camino hacia la conquista del mundo para el islam.

Por el contrario, en el mundo cristiano, la situación fue contemplada de manera muy diferente. De entrada, para los poderes extranjeros, resultaba obvio que España era una entidad concreta aunque ahora dividida e invadida. No deja de ser significativo que los reyes francos que habían convertido en marca buena parte del territorio de lo que siglos después sería Cataluña señalaban en sus documentos que tanto los que habitaban en esa zona como en la ocupada por los musulmanes eran «españoles». Así, en abril de 815, poco después de la creación del condado de Barcelona como territorio colchón entre el reino de los francos y los musulmanes, Ludovico Pío, rey de Aquitania y soberano de Septimania, promulgó un precepto destinado a la protección de los habitantes del condado de Barcelona y otros condados subalternos. En el texto se habla, literalmente, de los «españoles» Juan,

Chintila y un largo etcétera, y, sobre todo, se dice algo enormemente interesante sobre los habitantes de lo que ahora denominamos Cataluña. «Muchos españoles —señala el documento citado— no pudiendo soportar el yugo de los infieles y las crueldades que éstos ejercen sobre los cristianos, han abandonado todos sus bienes en aquel país y han venido a buscar asilo en nuestra Septimania o en aquella parte de España que nos obedece.» En el documento —como era de esperar— no aparecían ni la palabra «Cataluña» ni la palabra «catalanes» porque se trataba de ideas aún inexistentes, pero sí se hacía referencia a cómo esa zona territorial formaba parte de España y sus habitantes eran españoles.

No puede caber la menor duda. España era la nación situada al sur de los Pirineos y que, en parte, resistía al islam y, en parte, estaba ocupada por él.

No menos clara fue la postura de los monarcas que combatieron a los invasores venidos del norte de África. Alfonso III de León, en el s. IX, se proclamó «rey de toda España» (*rex totius Hispaniae*) no porque lo fuera, sino porque era consciente de que no otra podía ser su meta que la de recuperar y reunificar una España fragmentada por la invasión.

El gran rey Sancho de Navarra —convertido disparatadamente en los últimos tiempos en rey de Euzkadi— se hizo sepultar como «rey de España» y señaló su vinculación con los monarcas visigodos que habían reinado siglos atrás en España antes de la invasión islámica.

Alfonso X de Castilla, el monarca más sabio de la Edad Media, escribió una *Estoria de España* donde hablaba de la unión histórica entre el reino de España antiguo y los que ahora luchaban por restablecer esa unidad.

Por supuesto, esa misma idea de fidelidad a la nación

española aparece en los territorios de la Corona de Aragón y, de manera especial, en lo que luego sería Cataluña. Como ya hemos indicado, la zona de la Marca hispánica fue considerada por los monarcas francos una parte de España que se hallaba bajo su dominio, de la misma manera que había otra que se encontraba bajo el poder musulmán. No puede extrañar, por tanto, que hasta el año 1096, la familia de los condes de Barcelona —que seguían siendo vasallos del reino franco— fuera de origen extranjero y con la excepción de Berenguer III, que se casó con María, hija del Cid Campeador, los matrimonios siempre se contrajeran con mujeres procedentes de algún lugar situado al norte de los Pirineos. Sin embargo, en el año 1137, un conde de Barcelona llamado Ramón Berenguer IV rompió con esa tradición seguida durante siglos por sus antecesores y contrajo matrimonio con la princesa Petronila de Aragón. De esta manera, el condado de Barcelona —que no era ni Cataluña, ni una nación catalana ni tenía pretensión de serlo— volvió a reintegrarse en el proceso de reconstrucción, de Reconquista, de una España que había estado a punto de desintegrarse por completo a causa de la invasión islámica, y lo hacía como parte no de una confederación catalano-aragonesa inexistente en las fuentes históricas, sino como parte voluntaria de la Corona de Aragón.

Esa conciencia de que Cataluña era tan sólo una parte de España y no una nación independiente la encontramos también en los reyes que ejercieron sobre ella su soberanía. Citemos algunos ejemplos. Cuando en 1271, Jaime I salió del concilio de Lyon, tras haber ofrecido la cooperación de sus hombres y de su flota para emprender una cruzada, exclamó: «Barones, ya podemos marcharnos; hoy a lo menos hemos dejado bien puesto el honor de España.» De la misma manera, cuando socorrió a Alfonso X de Castilla en la lucha contra los moros de Murcia, Jaime I sostuvo que lo hacía «para salvar a España». De modo semejante, el rey Pedro III afirmó que había salvado el honor de España al acudir a Burdeos para batirse con Carlos de Anjou, manteniendo su palabra.

Y si esto pensaban los monarcas que reinaban sobre diversos territorios, no otra cosa sostenían sus historiadores. Ya hemos mencionado a Alfonso X y su historia de España en la que une a los reinos de la época con la historia nacional previa. Su caso no fue excepcional. En el s. XIV, el catalán Ribera de Perpejà escribió la *Crònica d'Espanya* señalando precisamente cómo Cataluña era una parte de esa España despedazada por la invasión musulmana, pero ansiosa de reunificación. Y el gran historiador catalán Muntaner reclamó una política conjunta de los cuatro reyes de España, *«que son* —escribió— *d'una carn e d'una sang»*. Nada de esto puede extrañar si se tiene en cuenta que guerreros tan catalanes como los almogávares se lanzaban al combate gritando no Cataluña, sino «¡Aragón! ¡Aragón!».

Por su parte, Bernat Desclot nos ha dejado referencias bien significativas. Por ejemplo, al relatar la batalla de las Navas de Tolosa de 1212, señaló en su *Crónica* que en dicho combate habían intervenido «los tres reyes de España, de los cuales uno fue el rey de Aragón». De la misma manera, al narrar un viaje del conde de Barcelona a Alemania para entrevistarse con el emperador, Desclot relató que el conde se había presentado ante Su Majestad imperial diciendo: «Señor, yo soy un caballero de España.» Acto seguido, ese mismo conde de Barcelona había dicho a la emperatriz alemana: «Yo soy un conde de España al que llaman el conde de Barcelona.» No resulta extraño que el emperador, según nos cuenta el mismo Bernat Desclot, dijera a su séquito: «... han venido dos caballeros de España, de la tierra de Cataluña». Ciertamente, cuesta mucho no ver que los españoles medievales tenían las ideas muy claras sobre la nación española.

Durante la plena Edad Media, España quedó claramente configurada en una división que colocaba, a un lado, a los invasores islámicos, y a otro, a los reinos que ansiaban recuperar la unidad deshecha en el s. VII. Al noroeste, León y Castilla se unieron y se desunieron hasta acabar formando una corona común, la castellana. Al nordeste, la Corona de Aragón consiguió saltar de los montes aragoneses para acabar absorbiendo los condados de la actual Cataluña y extenderse hacia Levante. Entre ambas coronas se encontraba el reino de Navarra, que había perdido la importancia de los siglos precedentes en que soñaba con acaudillar la Reconquista contra los musulmanes y la reconstrucción de la unidad perdida. De manera bien significativa, las provincias vascongadas —aquellas que no estaban pobladas originalmente por vascones, pero que fueron vasconizadas, es decir, vascongadas— prefirieron una por una sumarse a Castilla a someterse a Navarra. En el seno de Castilla, conservaron sus libertades; en Navarra, hubieran sido sólo poblaciones sometidas.

Durante el s. XV, la Reconquista experimentó un frenazo ya que los problemas internos de las coronas de Aragón y de Castilla impidieron lanzar el asalto final contra el reino de Granada, último bastión del islam. Sin embargo, este último acto se produjo ya a finales del siglo cuando la reunificación de España era un hecho gracias al matrimonio de Isabel, la reina de Castilla, y Fernando, el rey de Aragón. España —la España que se había visto como nación ya casi un milenio antes— volvía a reunificarse y, ciertamente, no se puede negar que las consecuencias de esa reunificación fueron extraordinarias.

Fue esa España reunificada la que concluyó la Reconquista, la que logró coronar las ambiciones mediterráneas de la Corona de Aragón apoderándose del sur de Italia, la que asentó bases en el norte de África para impedir una nueva invasión islámica, la que fortaleció las alianzas europeas de Castilla (especialmente con Flandes e Inglaterra), la que tendió puentes hacia una reintegración de Portugal a España, la que frenó la amenaza francesa que siempre había soñado con apoderarse de porciones de la Corona de Aragón, especialmente Cataluña; la que lanzó las naves hacia el Atlántico arrebatando el monopolio de los mares a Portugal y descubriendo América; y la que creó un nuevo derecho internacional derivado de la conquista de las Indias.

No fue el suyo un reinado sin sombras, ciertamente, y así, el poder político, a pesar del pragmatismo maquiavélico de Fernando el Católico, no supo distinguir entre los intereses nacionales y los de la Iglesia católica, y no sólo asentó la Inquisición en territorio español, sino que además expulsó a los judíos de una España en la que estaban asentados desde varios siglos antes del nacimiento del judío Jesús. Como si de un castigo divino se tratara —así lo vieron los autores judíos de la época— la política matrimonial naufragó en los años siguientes y las riquezas americanas fueron mal utilizadas creando más pesar que beneficio. Aún peor. La hija de los Reyes Católicos, Juana, sufrió la enfermedad mental que ensombreció la vida de su abuela y el trono español pasó a una dinastía extranjera, la de los Austrias. Sin embargo, no podemos detenernos ahora en esos otros capítulos de la historia de España, una nación que no surgió a finales del s. XV, sino que, para aquel entonces, llevaba siglos pugnando por volver a ser la nación unida que existía con anterioridad a la llegada del islam.

II

EN ESPAÑA NO HUBO REFORMA

Durante siglos se ha insistido en la afirmación de que España fue una de las naciones europeas donde no arraigó la Reforma protestante del s. XVI y que era lógico que así fuera porque sus antecedentes la obligaban a optar por el campo de la Contrarreforma de manera inexorable. La verdad histórica es muy diferente. En España, la Reforma prendió con un éxito notable si se tiene en cuenta el peso de la Inquisición y la política de los Austrias totalmente al servicio de la Contrarreforma. Si, al fin y a la postre, esa Reforma fue extinguida no se debió a otra circunstancia que a la sangre y el fuego expandidos por la Inquisición.

Los siglos XIV y XV estuvieron caracterizados entre otros aspectos de relieve histórico por un sentimiento de creciente y gravísima crisis en el seno de la Iglesia católica. Durante aquellos agitados años, la corte papal se trasladó de Roma a Aviñón para satisfacer los intereses de los reyes de Francia, produciéndose lo que se ha dado en denominar «la cautividad babilónica de la Iglesia» (1305-1377); se produjo el denominado Cisma de Occidente (1378-1417) —en virtud del cual existieron simultáneamente dos papas que se excomulgaban entre sí y que se presentaban respectivamente como el único pontífice legítimo—, fracasaron los intentos por restaurar la unidad entre el papado y el patriarca de Constantinopla pese a la amenaza turca que terminó aniquilando Bizancio en 1453 y se multiplicaron las voces de aquellos que, como John Wycliffe o Jan Huss, deseaban una reforma en profundidad de la Iglesia no sólo en el ámbito moral sino también en el teológico. El hecho de que además algunos papas fueran, fundamentalmente, príncipes italianos volcados en aumentar sus posesiones o de que Bohemia hubiera sobrevivido con una visión distinta del cristianismo permite afirmar, con el historiador católico Joseph Lortz, que la unidad del cristianismo occidental ya estaba innegablemente rota antes de la Reforma protestante.

No resulta extraño que en un contexto tan crispado como el del s. XV los mejores teólogos de Occidente sostuvieran la tesis de la superioridad del concilio general sobre el papa (¿quién podía asegurar que el papa no podía convertirse en un hereje tras antecedentes en ese sentido como los de los papas Honorio o Vigilio que habían caído en la heterodoxia?) o que se iniciaran los primeros intentos de publicar textos críticos del Nuevo Testamento en su lengua original como un paso hacia la recuperación de la pureza del cristianismo primitivo.

Desde luego, si algo parecía indiscutible a finales del s. XV era que la Iglesia occidental necesitaba una reforma, que ésta tenía que realizarse en profundidad y que el momento de su inicio no podía verse retrasado indefinidamente. Una posición de ese cariz era defendida por personajes que iban de Lorenzo Valla a Erasmo, de Tomás Moro a Luis Vives. Y no se trataba de una posición alarmista o absurda. Un católico tan fiel y piadoso como Johann Geyler von Kayserberg (1445-1510) afirmaría que «la cristiandad está destrozada de arriba abajo, desde el papa al sacristán, desde el emperador hasta los pastores». No exageraba un ápice. Como señalaría ya en el s. XX, el historiador católico J. Lortz, las «fuerzas puras» habían sido borradas y, por otra parte, los intentos de reforma habían quedado circunscritos —y aun eso por muy poco tiempo— al seno de las órdenes religiosas.

De manera bien significativa, los primeros pasos para realizar esa indispensable reforma fueron dados en España. Paradójicamente, además, los esfuerzos reformadores comenzaron no en la base —más o menos ilustrada— sino en la cúpula jerárquica. La figura dominante de este período —y no sólo en el área espiritual— fue el cardenal Cisneros. Nacido en 1436, su muerte se produjo en noviembre de 1517, tan sólo ocho días después de que Martín Lutero clavase en las puertas de la iglesia de Wittenberg sus famosas noventa y cinco tesis sobre las indulgencias. La fecha de su fallecimiento no pudo resultar más significativa cronológicamente porque lo cierto es que coincidió con el final de un ciclo histórico muy concreto y el comienzo de otro totalmente distinto.

Desde distintos puntos de vista, Cisneros fue un auténtico adelantado a su tiempo. Otorgó, por ejemplo, una enorme importancia a la lengua vernácula en medios religiosos e impulsó incluso la traducción de obras latinas a aquélla. De esa forma, antes de que Lutero tradujera el Nuevo Testamento al lenguaje del pueblo, los españoles podían contar con versiones impresas de los Evangelios y de las Epístolas en lengua vulgar si bien no procedentes de los idiomas originales en que se escribió la Biblia. Al mismo tiempo atendió a la reforma de la conducta del clero como se desprende de los sínodos de Alcalá y Talavera de 1497 y 1498. Pese a pertenecer a una Orden —la franciscana— en la que la erudición tenía un papel menor en comparación con el que se le concedía en otras, el proyecto que Cisneros acarició con más entusiasmo fue el de fundar una escuela o universidad donde se diera una buena formación al clero proporcionándole antes de los estudios teológicos el conocimiento de otras disciplinas. Merced a esta concepción, un Colegio de Artes Liberales debía formar al estudiante en el conocimiento del latín, del hebreo y de otras lenguas semíticas, y tendría que otorgar una especial importancia al aprendizaje del griego ya que en esta lengua se había redactado originalmente el texto del Nuevo Testamento.

El sueño de Cisneros se hizo realidad en buena medida gracias a la fundación de la Universidad de Alcalá. El objetivo del cardenal —eminentemente educativo— era ciertamente ambicioso porque además de sacar al clero de su penosa falta de cultura, perseguía realizar una reforma del conjunto de la Iglesia mediante sínodos y formar de manera especialmente atenta a la gente del pueblo.

A diferencia de sus sucesores, Cisneros demostró tener una especial habilidad a la hora de abordar temas que supuestamente indicaran la posible existencia de ideas heréticas. Muy abierto, no persiguió jamás a personas que —supuesta o realmente— las defendieran y estimuló la crítica del texto de las Sagradas Escrituras y propugnó su estudio. Fruto de esta actitud fue la elaboración de la *Biblia Políglota Complutense*, en hebreo, griego y latín, o las obras de Pedro de Osma, un profesor de teología en la universidad de Salamanca, y de Nebrija, un discípulo del anterior. Los aportes bíblicos y teológicos de estos dos personajes —injustamente olvidados como tantos otros a lo largo de la historia española— sorprenden por su lucidez, rigor y erudición. Anticipándose a Erasmo y, por supuesto, a Lutero, realizaron importantísimos estudios sobre el texto original del Nuevo Testamento y acerca de la historia católica. Dado que estos últimos no contribuían precisamente a fundamentar las pretensiones del pontífice romano —algo en lo que coincidían otros humanistas extranjeros— las reacciones adversas no se hicieron esperar. Nebrija fue acusado de herejía, aunque el propio Cisneros lo protegió de los intentos de acabar con él. En cuanto a Osma, pese a las condenas papales dirigidas contra su persona, pudo ser alabado por el citado Nebrija en su *Apología*, una obra significativamente dedicada al propio Cisneros.

La conducta de Cisneros tuvo una repercusión considerable no sólo entre el sector más culto de la sociedad sino muy especialmente entre la gente del pueblo que comenzó —décadas antes que los anabautistas suizos, por ejemplo— a reunirse en las casas para estudiar sencilla y libremente los textos del Nuevo Testamento. Frente a una Iglesia oficial que situaba en una segunda posición a aquellos fieles que no pertenecían a estirpe de cristianos viejos, Cisneros había abierto las puertas a una vivencia espiritual integradora en la que lo importante no era la ascendencia genealógica sino el deseo sincero de conocer las Escrituras y vivir de acuerdo con ellas. Precisamente, en ese contexto prendería la Reforma española propiamente dicha.

Uno de los primeros exponentes de la Reforma española fue el conquense Juan de Valdés. Aunque se ha discutido mucho sobre su origen familiar hoy ha quedado establecido fuera de toda duda que era de estirpe judía tanto por la rama paterna como por la materna. Incluso un tío materno, Fernando de la Barreda, fue quemado por la Inquisición por ser un judío relapso. Es muy posible que precisamente esa circunstancia que lo ubicaba en una posición de segunda dentro de la sociedad fuera una de las razones que lo llevaron desde muy joven no a intentar profundizar en la fe judía de sus antepasados sino en la línea de reforma popular que había surgido al abrigo de las medidas adoptadas por Cisneros.

En los autos del proceso de Pedro Ruíz de Alcaraz, por ejemplo, se hace referencia a que Juan de Valdés era uno de los que asistían a las reuniones que se celebraban en domicilios particulares con la finalidad de leer y estudiar la Biblia. Contaba en aquel entonces con unos trece o catorce años, lo que explica, por ejemplo, que no se le citara posteriormente para testificar en el proceso mencionado. La edad resulta, por otro lado, muy indicativa. Juan de Valdés era un joven que sentía inquietud —o al menos interés— por el terreno espiritual cuando apenas había salido de la infancia. Ese interés había encontrado además pronto cauce no en las manifestaciones mayoritarias de tipo religioso que se vivían entonces en el seno del catolicismo sino en un estudio directo, sencillo, casi diríamos que familiar, de las Escrituras.

En noviembre de 1526, Juan —cuyo hermano Alfonso era un convencido erasmista que había hallado su lugar en la corte del emperador Carlos V— se encontraba en Alcalá de Henares. No era casual su paradero y, posteriormente, Valdés dejaría de manifiesto un conocimiento nada superficial tanto del griego como del hebreo, las dos lenguas de la Biblia. Además en la universidad seguía existiendo un foco de erasmismo de enorme relevancia. Tal circunstancia no debería extrañarnos si tenemos en cuenta que Erasmo, con posterioridad, había sostenido un programa de reforma muy similar al de Cisneros: educación, reforma de las costumbres especialmente en el seno del clero, enseñanza de las Escrituras en lengua vernácula y regreso a la Biblia como fuente de doctrina y conducta. El holandés no era, por lo tanto, un innovador sino alguien que a posteriori confirmaba lo acertado de las tesis del cardenal aunque en éste no se diera cita la fina ironía del humanista.

En esta época Valdés leyó una de las obras más emblemáticas de Erasmo, el *Enchiridion Militis Christiani*. La obra se publicó por primera vez en España en 1526, dejó de imprimirse a partir de la edición sevillana de 1550 aparecida en pleno ardor de las guerras de religión y —resulta significativo— no volvió a ser reeditada, esta vez por

Dámaso Alonso, hasta 1971. La edición por parte de una editorial católica no se produciría, sin embargo, en España ¡hasta 1995!

La lectura de Erasmo, el estudio de la Biblia, la experiencia con los grupos relacionados con Alcaraz y, según sabemos ahora, el conocimiento de algunos opúsculos de Lutero cristalizaron en el caso de Valdés en una obra que se publicó el 14 de enero de 1529 en la imprenta de Miguel de Eguía en Alcalá. Nos referimos a su *Diálogo de doctrina cristiana.*

La sencillez de la obra aún sigue causando sorpresa en los que acceden a ella. Presentada como un diálogo entre tres personajes —Eusebio, un hombre que desea aprender la verdadera fe cristiana; Antonio, un cura ignorante que expresa buen número de juicios de católicos de a pie tan poco versados como él y un arzobispo que va aclarando las diversas cuestiones—, el *Diálogo* pasa revista a cuestiones como el credo, los mandamientos, los pecados, las virtudes, los dones del Espíritu Santo, el padrenuestro y la Escritura concluyendo con una traducción del Sermón del Monte, los capítulos quinto, sexto y séptimo del Evangelio de Mateo.

De la Iglesia, por ejemplo, se afirma no que debe identificarse con una jerarquía o un conjunto de dogmas sino más bien que «es un ayuntamiento de fieles, los cuales creen en un Dios padre y ponen toda su confianza en su hijo y son regidos y gobernados por el Espíritu Santo que procede de *entrambos*».

Por si fuera poco, en el capítulo de las lecturas recomendables, Erasmo no es objeto de crítica —ni siquiera moderada— e incluso se dice de él: «vos leed y estudiad en las obras de Erasmo y veréis cuán gran fruto sacáis», y además la Biblia no es presentada como una de las fuentes de revelación —la doctrina católica consagrada en Trento— sino que se la señala como única regla de revelación y de conducta:

> Leed en la Sagrada Escritura, adonde declara Dios en esto su voluntad en muchas partes, y haced conforme a lo que leyereis.

Finalmente, y esto resulta casi subversivo en una España basada en la pureza de sangre y en el concepto de la honra, se contrapone ese aspecto medular de la ideología de la primera España a otro de más honda raigambre cristiana:

> [...] la honra del cristiano más debe consistir en no hacer cosa que delante de Dios ni de los hombres parezca fea, que no en cosa ninguna mundana; porque esa honra que vos decís que sostenéis, es camino del infierno.

Lo que Valdés sostenía era una reforma en virtud de la cual la Iglesia no fuera contemplada como una jerarquía sino como el conjunto de los fieles definidos no tanto por su adhesión a unos dogmas o a unas prácticas rituales cuanto por su sumisión a Dios; la fe cotidiana se sustentara no tanto en los mandatos eclesiásticos cuanto en la Biblia y la honra no fuera un concepto basado en la sangre o en la posición social sino en una conducta ejemplar cuyo paradigma fuera la enseñanza evangélica.

De manera bien significativa, y al igual que Lutero, Valdés recuperaba la doctrina neotestamentaria de la justificación por la fe que chocaba con la idea de una salvación por los propios méritos sustentada por la visión católica. A fin de cuentas, el joven autor, en realidad, venía a reproducir el mismo esquema que Pablo de Tarso había trazado en su carta a los Efesios:

> Porque sois salvos por la gracia, por medio de la fe; y esto no es algo que venga de vosotros, sino que es un don de Dios; no por obras, para que nadie tenga jactancia. Porque somos hechura suya, creado en Jesús el Mesías para buenas obras, que Dios preparó de antemano para que camináramos en ellas. (Efesios 2, 8-10.)

El *Diálogo* —y es comprensible— fue leído profusamente por toda España. No deja de ser significativo que Sancho Carranza de Miranda, inquisidor de Navarra, encontrara que la obra estaba adornada de tantas cualidades que compró varios ejemplares para regalar a sus amigos. La suya no fue una postura excepcional. Desde personas del más elevado rango eclesial a gente del pueblo llano, la obra de Valdés llamó la atención de todos aquellos —no pocas veces predicadores— que creían en una reforma de la Iglesia que no implicara necesariamente el recurrir a las armas ni tampoco el embarcarse en guerras allende los Pirineos, en una renovación que no significara negar el pasado pero tampoco seguir novedades de dudosa solidez, y en una Iglesia en la que desaparecieran las barreras derivadas de prejuicios de sangre o de estatus social.

En 1529, Valdés se convirtió en objeto de un proceso inquisitorial del que salió bien parado gracias a la intervención decidida de los erasmistas alcalaínos dispuestos a defenderse frente a una ola creciente de intolerancia contrarreformista. El mismo Erasmo le felicitó en una carta escrita desde Basilea el 21 de marzo de 1529 por haber logrado escapar de los peligros derivados de la publicación del *Diálogo*. Sin embargo, sólo había sido un respiro en medio de una batalla cada vez más encarnizada. A inicios de 1531, Juan de Valdés supo que se estaba instruyendo un segundo proceso inquisitorial contra él. La respuesta de Valdés fue rápida y, desde luego, acertada: huyó de España. En agosto de 1531 sabemos que ya se encontraba en Roma por una carta que el día 26 de ese mes Juan Ginés de Sepúlveda dirigió a su hermano Alfonso de Valdés y en la que se comentaba el hecho.

Muy posiblemente, su llegada a la capital italiana se había producido varias semanas antes. Durante unos meses no se sabrá nada de un Juan de Valdés al que la Inquisición española seguía buscando con ahínco. Finalmente, el 3 de octubre de 1532, el papa Clemente VII —no precisamente un simpatizante de España— extendió a Juan un salvoconducto para que viajara sin ningún tipo de dificultades al encuentro de su hermano Alfonso. Juan de Valdés aprovechó el salvoconducto e intentó reunirse con Alfonso. No lo consiguió. Tan sólo tres días después de que el papa le otorgara el mencionado documento, Alfonso murió en Viena víctima de la peste. Juan llegó a la corte imperial en Bolonia, pero no permaneció en ella. Decidió, por el contrario, regresar a Roma y quedarse cerca del papa que, al parecer, constituía una vecindad menos arriesgada que la de los servidores de la Iglesia católica en España. No permaneció mucho tiempo empero en la corte pontificia. La ciudad de Nápoles le brindó un cargo de archivero y lo aceptó. Pero tampoco este nuevo lugar lo retuvo. Por razones que desconocemos, la ciudad le invitó a abandonar el puesto que le había ofrecido aunque le entregó la cantidad de mil ducados. Valdés optó entonces por dirigirse una vez más a la corte papal.

Esta nueva permanencia de Juan de Valdés en Roma duró hasta la muerte del papa Clemente VII. Le sucedió en el trono pontificio Paulo III, un papa claramente favorable al emperador Carlos V, y Juan decidió, significativamente, abandonar la ciudad.

En 1535, Valdés se estableció en Nápoles, la ciudad donde permanecería hasta su muerte. En los años futuros iban a conjugarse en Juan de Valdés todas las facetas especialmente atractivas de su personalidad y de su obra. El Valdés humanista e interesado en la cultura daría lugar al *Diálogo de la lengua*, una de las obras cumbres del Renacimiento español en que se abordan distintos aspectos relacionados con la lengua castellana utilizando la forma del diálogo. El Valdés interesado por los asuntos políticos se convertiría desde 1537 en veedor de los castillos de Nápoles escribiendo a la vez un conjunto de misivas en las que expresaría su visión preocupada por las acciones llevadas a cabo por el Gobierno imperial. Finalmente, el Valdés interesado en la reforma de la Iglesia católica y, mediante ella, de la sociedad, escribió en la ciudad italiana sus obras teológicas más importantes desde las *Ciento diez consideraciones divinas* a los comentarios sobre el Evangelio de Mateo o los salmos. Esta última circunstancia resulta especialmente comprensible si tenemos en cuenta que en Nápoles precisamente Juan de Valdés conoció a Julia Gonzaga, la sobrina del cardenal Gonzaga. La dama, bella e inteligente, le puso en contacto con personas de cierta talla intelectual que se reunían periódicamente a leer y estudiar la Biblia en sus domicilios.

A esas alturas, Valdés, Gonzaga y buena parte de sus compañeros no eran sino protestantes encubiertos. El propio Valdés creía cada vez menos en la posibilidad de una reforma del aparato católico. Así, en su correspondencia podemos ver referencias a su falta de fe en que el concilio futuro —el que luego se celebraría en Trento— cerrara el abismo abierto entre católicos y protestantes. El 19 de abril de 1536 escribió, por ejemplo, a Julia Gonzaga indicándole que el emperador era un «pobre príncipe [que] no advierte que es tiranizado por dos bestias» y punto seguido añadía:

> Lo que ahora se necesita es paciencia hasta que Dios disponga, pues sólo Dios sabe cómo marcha todo.

Su pérdida de confianza en la acción imperial sólo había precedido en unos meses a su desengaño ante las acciones del papa. El 1 de enero de 1536, por ejemplo, escribió al cardenal Gonzaga quejándose de la manipulación llevada a cabo por Paulo III y de la papanatesca buena fe del pueblo en sus palabras:

> Aquí, creen lo que el Papa dice sobre el concilio como si fuera uno de los evangelistas.

No se equivocaba Juan de Valdés en su pesimismo. El papa no tenía voluntad de transigir, escuchar o tolerar a los disidentes religiosos sino únicamente de vencerlos. Por otro lado, su único posible contrapeso, el emperador, carecía de la altura suficiente para comprender la trascendencia de la situación y actuar en consecuencia.

En julio de 1541, Juan de Valdés exhaló su último aliento en Nápoles. Si triste es siempre la muerte hay que reconocer, sin embargo, que la suya no pudo ser más oportuna. El 8 de enero de 1542 una bula renovó y reforzó la Inquisición romana. El documento papal pretendía aplastar a los que consideraba heterodoxos y, en buena medida, lo consiguió. De los amigos de Valdés, algunos —como Pierpaolo Vergerio, obispo de Capodistria, que se convirtió al luteranismo, o Pedro Mártir Vermigli, que se identificó con el calvinismo— huyeron y terminaron por pasarse al campo protestante convencidos de que nunca tendría lugar una reforma realmente evangélica en el seno de la Iglesia católica. Otros —como Pietro Carnesecchi— se convirtieron en víctimas inmediatas de la Inquisición. La propia Julia Gonzaga formó parte de un conventículo protestante que se reunía de manera clandestina y del que formó parte el artista Miguel Ángel. Sólo su muerte libró a Julia de ser juzgada por la Inquisición y sufrir la suerte de Carnesecchi. Por lo que se refiere a Miguel Ángel, acabó retratándose al final de su vida como Nicodemo, el judío timorato que ocultaba su condición de discípulo de Jesús.

En España, por su parte, Miguel de Eguía, el impresor del *Diálogo de Doctrina cristiana,* fue obligado a comparecer ante la Inquisición por sus vinculaciones con los erasmistas de Alcalá. Se trataba, sin embargo, más de un principio de la Reforma que de un final. Veamos siquiera algunos botones de muestra.

En 1546, otro conquense, Juan Díaz, publicó su *Suma de la religión cristiana* en la que se identificaba claramente como partidario de la Reforma. Fue asesinado por su hermano Alfonso, un católico fanático que pensó lavar con sangre la deshonra de tener a un protestante en la familia.

Ese mismo año de 1546, otro español, Jaime de Enzinas fue a su vez quemado en Roma. Su delito había sido sostener los mismos puntos de vista que los reformadores. El hermano de Jaime, Francisco, fue más afortunado y logró escapar de la Inquisición en los Países Bajos españoles. No sólo eso. Amigo de Felipe Melanchthon, llevó a cabo una magnífica traducción del Nuevo Testamento del griego al español.

A esas alturas, los agentes de Carlos V —la leyenda sobre la tolerancia religiosa del emperador no es más que eso, leyenda— perseguían con verdadera saña a los reformados españoles en cualquiera de los territorios pertenecientes a la Corona. Sin embargo, no lograron exterminar la Reforma. De hecho, fue Felipe II, ya convertido en sucesor de la Corona española, el monarca que presidió el primer auto de fe contra protestantes españoles. Tuvo lugar en Valladolid, el domingo 29 de mayo de 1559. El 24 de septiembre del mismo año, un nuevo auto de fe tuvo como escenario la ciudad de Sevilla. La hoguera acabó con la vida de varias docenas de protestantes, pero no con la Reforma. De hecho, la represión se recrudeció con extraordinaria virulencia. Apenas pasado un año, cerca de cuarenta protestantes eran arrojados a las llamas en Sevilla. El 22 de diciembre de 1560, otros catorce protestantes fueron quemados vivos. Ninguno quiso retractarse y, por el contrario, dieron muestra de una notable entereza durante la ejecución incluidas las ocho mujeres, algunas de las cuales eran niñas. Desde luego, los grupos que se reunían en las casas para estudiar la Biblia y orar siguieron existiendo. Prueba de ello es que en 1562, otros ochenta y ocho protestantes fueron quemados.

Durante las décadas siguientes, los protestantes arrojados a la hoguera seguirían sumándose a lo largo y a lo ancho de España. En Calahorra, por ejemplo, hubo sesenta y ocho casos de luteranismo antes de concluir el s. XVI además de trescientos diez sospechosos. Por añadidura, las hogueras para reformados se encendieron en Valencia, Zaragoza, Córdoba, Cuenca, Granada, Murcia, Llerena o Toledo, ciudad donde hubo cuarenta y cinco casos de protestantes españoles y ciento diez extranjeros.

Felipe II había decidido convertir a España en espada de la Contrarreforma y se emplearía de manera especial en la persecución de los considerados herejes. La respuesta de no pocos de ellos fue optar por el exilio. Ése fue el caso, por ejemplo, de algunos afincados en Sevilla. En el monasterio de San Isidro de esta ciudad española se había producido un fenómeno con paralelos en toda Europa. Un grupo de monjes había comenzado a estudiar la Biblia de manera regular y diligente y el resultado había sido su abandono de algunos de los dogmas católicos y su orientación hacia doctrinas bíblicas defendidas por los reformados, tales como la de la justificación por la fe o la única mediación de Cristo. El resultado fue que la congregación abrazó la causa de la Reforma y hacia 1557 emprendió la huida de una España entregada a la represión feroz procedente de la Inquisición. Entre los exiliados más ilustres se hallaban Casiodoro de Reina y Cipriano de Valera. El primero encontró —como muchos protestantes españoles— refugio en Ginebra y llevó a cabo la traducción de la Biblia al castellano más editada y leída de la Historia (1569), una versión que, precisamente, revisaría el segundo de los citados (1602).

Todos estos botones de muestra ponen de manifiesto que en España había existido una Reforma y que había sido vigorosa, pero que había visto su final en virtud de la acción resuelta de la Inquisición y de la monarquía de los Austrias. Semejante decisión histórica iba a marcar de manera trágica la historia de España. En 1592, una década antes de la publicación de la Biblia de Reina-Valera, cuando el Imperio español marchaba a su ocaso desangrado por guerras que le eran perjudiciales y cuya única justificación aparente era el combate contra el protestantismo, el desastre sufrido por la fuerza de desembarco que debía invadir Inglaterra en 1588 provocó uno de los primeros cuestionamientos de la política de España. Ginés de Rocamora, el procurador de Murcia, defendió, en clara armonía con aquellos principios, que España debía «sosegar a Francia, reducir a Inglaterra, pacificar a Flandes y someter a Alemania y Moscovia». No se le escapaba al triunfalista Rocamora lo audaz de su tesis, pero pronto echó mano de un argumento que, de nuevo según el enfoque de la Contrarreforma, debía disipar cualquier posible —y arriesgada— objeción. La causa de España era la de la Iglesia católica y, por lo tanto, era la de Dios. Por ello, había que tener la absoluta convicción en que «Dios dará sustancias con que descubrirá nuevas Indias y cerros de Potosí, como descubrió a los Reyes Católicos de gloriosa memoria...»

La ardorosa exposición de Rocamora encontró un templado contrapunto en Francisco Monzón, otro procurador que, quizá por representar a Madrid, conocía más a fondo el impacto que aquellas guerras estaban teniendo sobre la capital y corte. Para Monzón resultaba obvio que era absurdo seguir desangrando el imperio en pro de unos intereses que no eran los de la nación española sino los de terceros no pocas veces ingratos como la misma Santa Sede. Ante el argumento —aparentemente sólido— de que España estaba contribuyendo a facilitar la salvación y a impedir la perdición eterna de sus adversarios, Monzón no pudo dar una respuesta más escueta y, a la vez, convincente: «si ellos se quieren perder que se pierdan». Pero ni siquiera el sensato consejo de Monzón —mucho menos ambicioso y profundo que el de Valdés— fue escuchado y, al fin y a la postre, no fueron los rivales católicos (Francia) o protestantes (Holanda, Inglaterra) de España los que se perdieron sino ella misma.

III

DON CARLOS FUE UNA VÍCTIMA DE FELIPE II

Don Carlos, el hijo de Felipe II, ha sido representado en repetidas ocasiones como una víctima inocente de un padre cruel y fanático. Así, frente a un monarca intransigente, don Carlos habría sido una esperanza —malograda— de tolerancia. Para colmo, en semejante drama cargado de tintes edípicos no habría estado ausente tampoco una rivalidad amorosa entre ambos. La realidad histórica fue, sin embargo, muy distinta.

En no escasa medida, la existencia de don Carlos fue la historia de un desequilibrio, un desequilibrio que afectó, en primer lugar, la mente del príncipe, después, la vida de la corte y, al fin y a la postre, la política española.

El desequilibrio del príncipe —un heredero más que deseado por su padre Felipe II— apareció en edad temprana, pero, inicialmente, nada permitía presagiarlo. Su primer preceptor, Honorato Juan, que comenzó a tratarlo con siete años, logró incluso que el príncipe sintiera no sólo interés sino incluso pasión por sus lecciones. No era, desde luego, poco. Tampoco parece que la salud del príncipe fuera a la sazón débil ya que con doce años practicaba diversos deportes y montaba con frecuencia a caballo.

De hecho, la mutación trágica que truncaría la vida de don Carlos tuvo lugar en la pubertad. Siguiendo la recomendación de los médicos, el príncipe fue enviado a Alcalá de Henares, donde cursó estudios al lado de personajes como Alejandro Farnesio, uno de los futuros generales de su padre, y don Juan de Austria, hijo bastardo de Carlos V y hermanastro de Felipe II. Precisamente en Alcalá, sufrió don Carlos un episodio que algunos han considerado la raíz de sus dolencias posteriores. Adolescente a fin de cuentas, don Carlos se enamoró de una hija de la portera de palacio. Una noche, yendo a su encuentro, descendió las escaleras de servicio con apresuramiento y la mala fortuna provocó que tropezara y cayera de cabeza. La contusión tuvo nefastas consecuencias porque vino seguida de una fiebre muy elevada e incluso se recurrió a la trepanación para aliviar la dolencia del príncipe. Don Carlos salió del trance aparentemente bien, pero lo cierto es que su conducta experimentó una inquietante alteración.

Malhumorado, desabrido, irritable y violento, en los próximos años don Carlos protagonizó una serie de episodios de naturaleza verdaderamente inquietante. Por ejemplo, los documentos de la época mencionan que con apenas veinte años arrojó por la ventana a un paje cuya única falta había consistido en llevarle la contraria. En otra ocasión, presa también de la ira, procedió a atacar con un cuchillo a varios de los ministros de su padre, entre los que se encontraba el duque de Alba. Con todo, posiblemente el episodio más conocido sea el relacionado con un infeliz zapatero que le entregó unas botas al parecer estrechas y que se vio obligado a comérselas por orden de don Carlos.

Durante todo este tiempo, la conducta de Felipe II fue la de un padre solícito y, quizá, demasiado tolerante. Así, por ejemplo, durante la convalecencia de don Carlos en Alcalá, el monarca no se separó de la cama del príncipe y, conocida es la pasión de Felipe II por su colección de reliquias, ordenó colocar en su lecho el cadáver incorrupto de un fraile del s. XV, el famoso fray Diego de Alcalá. Como ya hemos señalado, don Carlos se curó y, como muestra de gratitud, Felipe II impulsó la aceleración del proceso de canonización del citado fraile logrando que fuera canonizado en 1588 y se convirtiera en patrono de Alcalá de Henares. No cabe duda de que todas estas circunstancias resultan, hoy por hoy, chocantes incluso para un católico devoto. Sin embargo, a la sazón, eran bastante comunes y dejan de manifiesto que Felipe II sentía un hondo afecto por el príncipe. Por si fuera poco, en 1559, el monarca prometió a su hijo que gobernaría los Países Bajos, y en 1564, aún sin cumplir su promesa, le otorgó una plaza en el Consejo de Estado, en parte, para que fuera fogueándose en las tareas de gobierno y, en parte, para satisfacer su deseo de desempeñar un cargo público.

Llegamos así al episodio que luego se presentaría como una supuesta rivalidad amorosa entre padre e hijo. A pesar de que la insania del príncipe resultaba difícil de negar no por ello se dejó de buscar una princesa con la que casarlo. Inicialmente, Felipe II pensó en María Estuardo, reina de Escocia, como forma de cercar a Inglaterra, una potencia protestante. El proyecto no cuajó tanto por las adversas reacciones internacionales que hubiera provocado como por el carácter de don Carlos, que no era el de una persona normal. Finalmente, fue seleccionada como futura esposa doña Ana de Austria. Sin embargo, la boda fue retrasándose y esa circunstancia vino acompañada de una creciente voluntad de don Carlos de emanciparse de la dirección paterna y poder gobernar, algo que su padre le había prometido y que ni siquiera volvió a tratar con él. Lo que tuvo lugar entonces fue un episodio extraño y, sin duda, trágico, pero que nada tiene que ver con la supuesta rivalidad amorosa de Felipe II frente a su hijo.

En 1565, don Carlos se encontró en Madrid con el conde de Egmont, uno de los rebeldes flamencos. Presumiblemente, se trataba de una entrevista para formalizar un ofrecimiento de los protestantes flamencos a fin de que se conviertiera en su soberano a condición de que respetara la libertad de culto. Semejante acuerdo contaba con paralelos en otras partes de una Europa ya desgarrada por la reacción contrarreformista. De hecho, en Francia, Enrique IV había garantizado la libertad religiosa de los protestantes hugonotes y lo mismo había hecho Isabel I en Inglaterra con sus súbditos católicos. De unos y de otros lo único que se esperaba es que siguieran siendo leales a la nación, aunque su confesión religiosa fuera diferente a la del soberano. Semejante paso era inaceptable para Felipe II —¡que llegó a prohibir que los españoles estudiaran en el extranjero!— pero, sin duda, hubiera salvado para España los Países Bajos y le habría ahorrado la intervención en conflictos bélicos que resultaron desastrosos y que, al fin y a la postre, aniquilaron la hegemonía hispánica en el continente. Don Carlos comentó la entrevista con el príncipe de Éboli, uno de los miembros del considerado partido posibilista, pero éste no tardó en informar de todo al rey.

En 1566, don Carlos mantuvo contactos con el barón de Montigny que había acudido a Madrid en representación de Egmont y Horne. Esta entrevista no se traduciría en resultados prácticos, pero no puede pasarse por alto que, en tan sólo unos años, el duque de Alba, miembro del que podríamos denominar partido intransigente, había ejecutado a los citados flamencos. Sin duda, las amistades del príncipe eran peligrosas...

Don Carlos, al fin y a la postre, decidió escapar de la corte y pidió así a don Juan de Austria que le ayudara a llegar a Italia. Sin embargo, don Juan informó al rey de los planes del príncipe y el 18 de enero de 1568, el monarca ordenó que se confinara a don Carlos en sus aposentos impidiéndole la correspondencia y limitando su relación con el exterior. Lo que se produjo a continuación fue un forcejeo en el que las partes implicadas eran un príncipe cada vez más trastornado y un rey y padre que intentaba justificar sus actos a la vez que ocultaba las faltas de su hijo.

Así, cuando el príncipe amenazó con suicidarse, Felipe II ordenó que se le quitaran cuchillos y tenedores. Don Carlos intentó entonces dejar de comer para pasar pronto a consumir sin medida alimentos. Este desarreglo, unido a la debilidad física, pudo quizá precipitar su fallecimiento el 28 de julio de 1568. Para los enemigos —no escasos— de Felipe II resultó fácil hablar de asesinato. No sólo eso. Al abandonar este mundo, el príncipe dejaba a doña Ana de Austria comprometida y sin posibilidad de contraer matrimonio. Aunque la situación se solventó al casarse con ella un Felipe II viudo no puede ocultarse que el episodio abría paso a las peores murmuraciones.

La vida de don Carlos se podía reducir al deterioro mental creciente de un príncipe que, en un momento determinado, no dudó en jugar con la idea de la alta traición y, quizá, pensó en el asesinato de su padre. Sin embargo, la leyenda sería más poderosa que la Historia posiblemente porque se elevó ayudada por las alas de la creación artística.

El romántico alemán Schiller consagraría la historia de un Don Carlos que amaba a Isabel de Valois, la esposa de Felipe II, y que se enfrentaba a un monarca implacable que pisoteaba los derechos de los Países Bajos. Relato colmado de edipismo y pathos, poco contacto tenía con la realidad más allá de los intentos de los flamencos de que se respetara su libertad de culto recurriendo a las más diversas alianzas. El *Don Carlos* de Schiller acabaría dando lugar al *Don Carlo* de Verdi donde la juventud valiente y romántica del príncipe —con voz de tenor— se enfrenta a un sobrecogedor bajo, Felipe II, que simboliza la decrepitud fanática. La historia real —insistamos en ello— había sido mucho más prosaica y envolvía otras flaquezas humanas como la locura de un príncipe y el fanatismo de un rey.

IV

EL CORPUS DE SANGRE FUE UNA REVUELTA DEL NACIONALISMO CATALÁN

En su búsqueda desesperada de antecedentes históricos, el nacionalismo catalán ha convertido en emblemáticos algunos episodios que, supuestamente, serían muestra del deseo de independencia de la nación catalana frente a España. Uno de esos episodios fue el Corpus de sangre de 1640. Sin embargo, la realidad histórica fue muy diferente.

La dinastía española de los Austrias abrazó con singular entusiasmo la causa de la Contrarreforma. En el caso de Carlos V, la razón para esa conducta se hallaba en el deseo de llevar a cabo un proyecto imperial que exigía el hermanamiento entre el papado y el imperio. Sin embargo, al fin y a la postre, el proyecto de Carlos V fracasó porque era anacrónico y descansaba en categorías medievales, porque resultaba extraordinariamente costoso y, de manera bien significativa, porque el papado tenía sus propios intereses temporales y éstos chocaban frecuentemente con los de España. A pesar de todo, Carlos V mantuvo una visión política contrarreformista que se manifestó, por ejemplo, en que quiso instalar la Inquisición en Flandes, donde persiguió a los anabautistas con enorme ferocidad, o en que ansió durante su reinado aplastar a los protestantes alemanes, aunque la cercanía de los turcos le obligó a pactar concesiones en su favor —que no a reconocer libertades— que acabaron resultando irreversibles. Por último, recordemos que, en sus últimos tiempos, dejó instrucciones para la quema de herejes tanto a Fernando en Alemania como a Felipe en España.

En no escasa medida, la política de Felipe II sólo fue una continuación de la línea ya seguida por Carlos V. Su incapacidad para aceptar algún tipo de convivencia con los protestantes y, todavía más, su deseo de acabar con ellos no sólo se tradujo en la política inquisitorial a la que nos referimos en un capítulo anterior, sino también en una serie de conflictos que podrían haberse evitado y que se saldaron con repetidas derrotas —frente a los rebeldes flamencos en Holanda, frente a Enrique IV en Francia, frente a Isabel de Inglaterra en la absurda empresa de la Armada invencible...— y no menos repetidas bancarrotas.

Semejante política sólo tuvo un paréntesis de respiro —y de sensatez— durante el reinado de Felipe III. Hijo de Felipe II y Ana de Austria, a pesar de ser conocido como el Piadoso, llegó a acuerdos diplomáticos con los protestantes ingleses y holandeses y prolongó la hegemonía española en el continente durante algunas décadas. Con todo, no cabía engañarse sobre la realidad. España no podía seguir siendo la espada de la Contrarreforma y, sobre todo, no podía hacerlo con Castilla llevando sobre sí la carga de las empresas internacionales de manera prácticamente exclusiva.

De hecho, ya antes de la muerte de Felipe III, el Consejo de Finanzas, las Cortes de Castilla y algunos economistas habían señalado que resultaba indispensable repartir más equitativamente las cargas del Imperio español e incluir en su sostenimiento a la antigua Corona de Aragón, Portugal, Navarra y las Vascongadas. La injusticia de la situación queda claramente de manifiesto cuando se piensa que tanto los territorios italianos como Flandes sí contribuían a sufragar las guerras.

Semejante situación era la que existía en España al llegar al trono Felipe IV y convertirse en su valido el conde-duque de Olivares. Lejos de mantener un programa imperial, Olivares sólo deseaba conservar los Países Bajos y para ello era consciente de que las cargas del imperio tenían que ser repartidas de manera equitativa. Semejante paso, fruto del más simple sentido común, implicaba lógicamente una limitación de los derechos forales procedentes de la Edad Media, pero Olivares pensaba compensarlo mediante un reparto también más equitativo de los frutos del imperio.

El plan de Olivares era difícil de ejecutar de manera inmediata y, como paso previo, planteó la denominada Unión de Armas, un proyecto para crear un ejército de ciento cuarenta mil soldados que debía ser sostenido por las diferentes regiones según su capacidad. En teoría, la unión en la lucha común debía tener un efecto cohesionador, pero, en la práctica, iba a chocar con los intereses de las distintas oligarquías locales y, muy especialmente, de la catalana. De hecho, cuando en 1626 se convocaron las Cortes de Cataluña, el clima fue de una enorme tensión y no resulta extraño porque las citadas Cortes, lejos de ser un instrumento representativo de la región, en realidad, se reducían a representar a determinados estamentos privilegiados —nobleza, alto clero y alta burguesía urbana— ante el monarca. Para colmo de males, Cataluña se veía asolada desde hacía tiempo por un fenómeno de bandolerismo sin paralelo en otras partes de España del que surgieron personajes como Rocaguinarda —el Roque Guinart del Quijote— que acabó combatiendo en los Tercios o Serrallonga. Estos delincuentes, lejos de actuar por cuenta propia, constituían el brazo armado de distintos grupos privilegiados a semejanza de las *famiglie* de la mafia siciliana y contemplaban con lógica aversión al virrey que los perseguía, en parte, como servidor de la ley y el orden, y, en parte, porque no lo hacía la Generalidad catalana. De hecho, no deja de ser significativo que los éxitos de los virreyes a la hora de perseguir a los bandoleros fueron presentados por los oligarcas catalanes como una «conspiración castellana» en contra de las instituciones. En realidad, se trataba del intento propio de cualquier estado por erradicar el bandolerismo, aunque éste, en el caso de Cataluña, se hallaba imbricado en la acción de los que detentaban el poder y la lucha contra él implicaba lesionar sus privilegios no pocas veces ejercidos al margen de la ley. La tensión aumentó cuando además la Corona pretendió cobrar impuestos como el quinto de los ingresos municipales que había quedado suspendido en 1599 y reanudado en 1611.

Desde 1626, con España inmersa en una nueva guerra en los Países Bajos, el rey fue convocando a las Cortes para solicitar fondos y hombres. De las de Aragón y Valencia consiguió que entregaran dos mil y un millar de soldados respectivamente durante década y media. De las de Cataluña, sólo logró quejas relacionadas con supuestos agravios previos. Olivares intentó entonces sumar a Cataluña a la Unión de armas ofreciendo más privilegios a los oligarcas catalanes en el Mediterráneo, pero fue inútil. La Unión de armas no iba a contar con Cataluña.

La situación, ya de por sí grave, experimentó un vuelco dramático al entrar Francia en la Guerra de los Treinta años en 1635. La política francesa estaba en manos de un príncipe de la Iglesia católica, el cardenal Richelieu. Sin embargo, el prelado no dudó en adherirse al conflicto al lado de príncipes protestantes para así favorecer los intereses de su nación. Hasta entonces, Olivares había conseguido un cierto distanciamiento de una guerra que sabía fatal para España. En adelante, no sería posible, fundamentalmente, porque

Francia intentaría apoderarse de las regiones españolas que, secularmente, ha deseado controlar como un glacis contra España: Cataluña y las Vascongadas.

En 1638, las tropas francesas pusieron sitio a Fuenterrabía, pero mientras que Castilla, las Vascongadas, Aragón y Valencia acudían en su ayuda, Cataluña alegó que no lo haría porque el conflicto tenía lugar fuera de sus fronteras. La respuesta de Olivares fue entonces elegir Cataluña como frente en el que combatir a los invasores franceses como forma —lastimosa, ciertamente— para obligarla a contribuir al esfuerzo común. Las fuerzas españolas lograron una victoria sobre las francesas al recuperar la fortaleza de Salses, el 6 de enero de 1640. Sin embargo, el malestar no se redujo. De hecho, durante el otoño y el invierno de 1639, los oligarcas catalanes no dejaron de atizar entre la población el odio hacia Olivares presentándolo como un enemigo de las instituciones catalanas, una peligrosa agitación a la que se sumó de buena gana el clero destacando en ese ejemplo de cesaropapismo el obispo de Gerona y un canónigo de la catedral de Urgel llamado Pau Claris.

La agitación de la oligarquía no tardó en obtener su fruto. En mayo de 1640, unos campesinos de Gerona atacaron a los soldados a los que alojaban. De manera bien significativa, los incidentes sólo se dieron contra unidades formadas por tropas no españolas y no acontecieron cuando los alojados procedían de otras partes de España, algo que desmonta el mito de la resistencia catalana contra la ocupación española. Sí pone de manifiesto, no obstante, el malestar existente. A finales de ese mes, los campesinos llegaron a Barcelona donde, en junio, se les unieron los segadores que, como todos los años, acudían a contratarse como temporeros. Tradicionalmente, aquellas visitas no eran bien vistas por la población de Barcelona, que consideraba a los segadores como indeseables, borrachos y alborotadores. En esa ocasión, las autoridades locales pidieron al virrey que mantuviera a los segadores extramuros, pero el virrey consideró que esa medida sólo contribuiría a caldear los ánimos ya que, habitualmente, se producían disturbios. En realidad, la sangre corrió al reconocer, supuestamente, gente de la ciudad a alguno de los campesinos que habían asesinado a un funcionario. La respuesta de los segadores fue gritar «Viva la religión» y «Viva el rey de España» —sin duda, gritos notables para unos supuestos independentistas catalanes— y acudir a la residencia del virrey. Al asomarse un alabardero, fue agredido por los segadores que, a su vez, fueron objeto de los disparos de los que estaban en la casa.

Aquella respuesta precipitó la huida de los segadores en busca de refuerzos mientras el virrey Santa Coloma ordenaba a Enric de Sentmenat que reclamase al Consejo de Ciento, la autoridad sobre las milicias gremiales, que acudieran a protegerlo.

Al mando del Consejo de Ciento —formado, en realidad, por veinticuatro consejeros o *consellers*— se hallaba un grupo de cuatro consejeros cuyo jefe era el denominado *conseller en cap*, a la sazón Lluís Joan de Calders. Sentmenat se encontró con Calders y, efectivamente, aceptó la petición del virrey, pero no dio ningún paso para acabar con la revuelta, quizá porque no consideró que excediera de otros disturbios semejantes que acontecían todos los años.

Sí se produjo una reacción de la Iglesia católica, que, con bastante sentido común, se temía lo que podía suceder. En las horas siguientes, frente a la morada del virrey aparecieron el obispo de Barcelona; Pau Duran, obispo de Urgel; el padre Fenoll, provincial de los jesuitas; y Ramon de Sentmenat, obispo de Vic. Pero el clérigo más relevante fue el que representaba al clero en la Generalidad, el ya citado Pau Clarís. Como ya indicamos, Clarís había agitado contra Olivares en los meses anteriores. No sólo eso. También había mantenido conversaciones secretas con el rey de Francia, un comportamiento bien elocuente en un momento en que la nación vecina había invadido el norte de España. A esas alturas, Miquel de Torrella i de Sentmenat, jefe de las milicias de la ciudad, había conseguido, gracias a la presencia de tres compañías, que los segadores accedieran a retirarse de Barcelona, le siguieran a la plaza y se desplegasen en la misma. Bien es verdad que sólo lo consiguió a base de garantizar a los componentes de las compañías que no tendrían que atacar a nadie. Ante la demostración de fuerza, sin embargo, los segadores decidieron retirarse. Clarís, acompañado por el *conseller* tercero, el comerciante Josep Massana, anunció entonces que acompañaría a los segadores supuestamente para asegurarse de que dejaban Barcelona. Fue entonces cuando uno de los segadores señaló que cerca de allí vivía Gabriel Berart, un fiscal de la Audiencia que se había ocupado de conseguir impedimentos y pertrechos para los militares en Salses. La respuesta de los segadores fue quemar la puerta de la vivienda y saquearla, aunque, eso sí, respetando los cuadros religiosos.

A la sazón, el virrey, Dalmau de Queralt, conde de Santa Coloma, había decidido que lo más prudente era buscar un refugio y eligió como tal las atarazanas. Sin embargo, algunas de las personas que tenía cerca le aconsejaron que abandonara la ciudad hasta que se calmara la situación. Quizás así lo hubiera hecho Santa Coloma de no escuchar el argumento de que si abandonaba Barcelona, en realidad, estaba renunciando a cumplir con su deber. Optó el virrey pues por quedarse precisamente cuando los segadores habían abandonado la idea de salir de la ciudad y se dedicaban al incendio y al saqueo. En el curso de las horas siguientes, arrasaron la casa del juez Rafael Puig, prendieron fuego a la del recaudador de impuestos Guerau de Guardiola y saquearon la del marqués de Villafranca. Finalmente, en medio de una orgía de sangre y destrucción en la que encontraron la muerte distintos funcionarios, el propio virrey fue asesinado. La festividad del Corpus Christi se había convertido en Corpus de sangre.

Como en otros casos de la historia catalana, las oligarquías habían ido arrojando leña a la hoguera del desastre y ahora no veían cómo controlarlo. Aterradas ante la posibilidad de que los segadores y otros temporeros acabaran desencadenando una revolución que afectara gravemente sus intereses, intentaron colocarse al frente del motín para encauzarlo. Así, optaron por intentar llegar a un acuerdo con Francia, la nación que había agredido el territorio español sin excluir Cataluña. La idea de pactar con amotinados resultaba repugnante para la época, pero el cardenal Richelieu no dudó aprovechar la oportunidad que se le brindaba para golpear España.

En octubre de 1640, la oligarquía catalana consintió a las fuerzas francesas lo que había negado a Olivares. Así, ese mismo mes, los navíos franceses pudieron usar los puertos catalanes y se accedió a que Cataluña costeara un ejército francés de tres mil hombres. Los hechos no podían ser más elocuentes. Para intentar mantener sus privilegios, la oligarquía de Cataluña perpetraba la traición, se sometía a un monarca extranjero e incluso gastaba el dinero que había rehusado para la defensa común en colaborar con el enemigo.

Sin embargo, la pérdida de Cataluña no podía ser tolerada y Olivares hizo todo lo posible por enviar un ejército que expulsara de aquel territorio a los invasores. En noviembre, el ejército recuperó Tortosa, de camino hacia Barcelona. El 24 de diciembre, con el ejército español acercándose a Barcelona, estalló una nueva revuelta popular aún más cruenta que la del Corpus. Una vez más, el radicalismo desatado por la oligarquía catalana se volvía contra ella. En un intento de controlarlo, el clérigo Clarís se hundió más en el camino de la traición. El 16 de enero de 1641, anunció que Cataluña se convertía en república independiente bajo la protección de Francia. La situación de protectorado francés —con seguridad mucho peor de la que disfrutaba como parte de España— no agradó, sin embargo, a Richelieu. Una semana después, Clarís, que se imaginaba la dureza de la que podía dar muestra el cardenal francés, proclamaba a Luis XIII de Francia nuevo conde de Barcelona y apelaba para dar semejante paso a la época en que la Marca hispánica había formado parte del Imperio carolingio. Confirmada la traición, tres días después un ejército francés rechazaba en Barcelona a las tropas españolas.

Durante los años siguientes, todo lo que Cataluña le había negado a la monarquía española lo tomó por la fuerza la francesa. Mientras la región se convertía en un mercado para los productos franceses y quebraban los negocios locales ante aquella competencia, el peso de la guerra recaía sobre ella tanto económica como militarmente. ¡Terrible ironía de la Historia para una región que se había negado a ayudar a costear el conflicto en su defensa que ahora se viera reducida a pagarlo por cuenta de los invasores!

En 1644, las tropas españolas tomaron Monzón y Lérida. España ansiaba recuperar una parte de su territorio y cuando la Guerra de los Treinta años concluyó en Westfalia con una victoria francesa, continuó combatiendo. En 1651, con una población catalana harta de las terribles consecuencias de las acciones de las oligarquías de su región, Felipe IV envió un ejército a las órdenes de Juan José de Austria sobre Barcelona. La ciudad pasó nuevamente a control español en 1652 y Felipe IV fue reconocido como soberano de Cataluña. Sin embargo, el Rosellón quedaría definitivamente en manos de Francia y así se vio consagrado por el Tratado de los Pirineos de 1659. En los años siguientes, Luis XIV, en una muestra de notable habilidad política, declaró abolidos los fueros catalanes y prohibió la lengua catalana. En los siglos siguientes, Francia no tendría el menor problema con sus súbditos catalanes.

Aquel desastre para Cataluña había comenzado años antes cuando una oligarquía insolidaria se había negado a asumir sus obligaciones para con el resto de España y había envenenado al pueblo llano que provocó el motín del Corpus de sangre. Había sido aquel episodio no un acto independentista sino una algarada cruenta que, con posterioridad, la oligarquía había intentado encauzar dando los pasos fatales de la traición y del sometimiento a Francia. Al fin y a la postre, la acción de los oligarcas catalanes había tenido como resultado que recayeran sobre la región no sólo todas las servidumbres de la guerra sino la misma desmembración.

V

CERVANTES FUE UN CRISTIANO NUEVO

Entre los mitos más repetidos durante las últimas décadas se halla el de vincular a las figuras más importantes del siglo de Oro con una ascendencia judía o incluso morisca. Si bien esa circunstancia se dio en algunos casos —Fray Luis de León, Teresa de Ávila, quizá Góngora...— no es menos cierto que no fue en el de la mayoría. Un ejemplo al respecto sería el de Cervantes, cuya condición de cristiano nuevo ha sido repetida una y otra vez a pesar de que la historia real es muy diferente.

Como sucedió antaño con Homero al que se disputaban en calidad de ciudad natal no pocos enclaves griegos, Cervantes ha sido reivindicado tanto por los que contemplan un valor especial en la aristocracia de sangre como por aquellos que intentan enlazar todas las supuestas heterodoxias hispanas con un punto de genialidad. Así, de Cervantes se ha afirmado tanto que pertenecía a la nobleza como que procedía de estirpe de cristianos nuevos.

La verdad documentada es que la familia del escritor no perteneció a la alta nobleza, aunque sí a la hidalguía y tampoco fue pobre. El abuelo materno de Miguel de Cervantes era magistrado y llegó a reunir un cierto caudal como terrateniente en la localidad castellana de Arganda. En cuanto al paterno, Juan de Cervantes, era hijo de un comerciante dedicado a los paños; estudió leyes en Salamanca y acabó convirtiéndose en juez de las propiedades confiscadas por la Inquisición.

Hacia marzo de 1543, Rodrigo de Cervantes vivía en Alcalá de Henares, una localidad muy cercana a Madrid, y estaba casado con Leonor de Cortinas, de la que tuvo siete hijos, incluido Miguel, que fue bautizado el 9 de octubre de 1547 en la iglesia de Santa María la Mayor.

La infancia de Miguel fue ciertamente agitada pasando por Valladolid, Córdoba —donde estudió en el Colegio de jesuitas— Sevilla y Madrid. En esa época, Miguel iba realizando sus primeros pinitos artísticos habiéndonos llegado a nosotros un soneto dedicado a Isabel de Valois, esposa de Felipe II. De 1568 proceden ya los siguientes frutos poéticos de Miguel de Cervantes.

Las siguientes noticias que tenemos de Cervantes lo sitúan en Italia y es con ocasión de esa circunstancia que nos encontramos con una prueba documental sobre el linaje del futuro escritor. Aunque se ha señalado la posibilidad de que Miguel se viera obligado a salir de España a causa de un duelo cuyo castigo habría deseado evadir, la cuestión dista mucho de haber quedado establecida de manera indiscutible. A ciencia cierta el primer documento donde se hace referencia a la estancia de Miguel de Cervantes en Italia es de 22 de diciembre de 1569 y su contenido resulta esencial para la cuestión que estamos abordando ya que se trata de una declaración de su padre en la que afirma que ninguno de sus antepasados era moro, judío, converso, hereje o culpable de algún crimen.

La naturaleza de este documento donde se certificaba la denominada «limpieza de sangre» hace pensar que el empleo que buscaba Miguel en Italia estaba relacionado con un español o con un clérigo ya que sólo gente de esa naturaleza podía estar interesada en saber que las personas a su servicio eran cristianos viejos. Precisamente, en *La Galatea* (1585), Miguel de Cervantes señalaría que había sido gentilhombre de cámara en Roma de un cardenal llamado Acquaviva. Resulta bastante posible que ese episodio deba encuadrarse precisamente en estos meses y que la declaración de su padre derivara precisamente de los requisitos obligados a la hora de servir a un personaje de semejante importancia. Desde luego en diciembre de 1569, Miguel se encontraba en Roma y, al año siguiente, ya era soldado.

La afirmación, pues, de que Cervantes venía de estirpe de conversos carece de base real y lo que sabemos a ciencia cierta es exactamente lo contrario. Los intentos encaminados a sostener la estirpe de conversos del genial manco han partido o bien del intento de apropiarse del autor —¿y qué escritor más grande podría intentar cualquier grupo humano poseer que Cervantes?— o bien de asociarlo con corrientes históricas que nada tienen que ver entre sí. Ése es el caso de Américo Castro, un crítico literario sin conocimientos históricos que durante el s. XX insistió en trazar la historia de España sobre la base de una heterodoxia secular que habría correspondido a judíos y moros en el pasado y, en el presente, por ejemplo, a los exiliados al término de la Guerra Civil. En ese sentido, Américo Castro podría considerarse más que paradigmático ya que, por un lado, era exiliado y, por otro, estaba convencido, al parecer no con muchas razones, de descender de conversos. La obra de Américo Castro —sin duda, sugestiva— pretendía sostenerse en los aires del prejuicio y así cuando el personaje procedía verdaderamente de estirpe de cristianos nuevos, v.g.: Teresa de Ávila, la abonaba, y cuando no era el caso, v.g.: Cervantes, lo interpretaba simplemente como una ocultación de la realidad. Sobra decir que partiendo de una metodología tan parcial y defectuosa se puede alegar cualquier disparate aduciendo como prueba que el personaje en cuestión se limita a esconder la realidad para protegerse.

Las tesis de Américo Castro tuvieron repercusión, sin embargo, no tanto por el aspecto formal de su exposición o por su documentada solidez sino porque permitían otorgar un pasado a las izquierdas españolas que, en términos históricos, habían hecho su aparición en la historia nacional de manera muy tardía en comparación con lo sucedido, por ejemplo, en Francia o Alemania. Lo que habría hermanado a grupos tan dispares como los musulmanes —tan divididos entre sí— los judíos o los exiliados republicanos habría sido el ser considerados heterodoxos. Sin embargo, tal consideración llevaba a absurdos notables. Por ejemplo, ¿qué relación podía tener un déspota oriental como Abderramán III con el socialista Largo Caballero o cuál podía ser el punto de contacto entre el judío Maimónides y los musulmanes que lo obligaron a exiliarse? Los supuestos heterodoxos habían mantenido en no pocos casos una ortodoxia propia no menos intolerante y agresiva que la contraria y, desde luego, resultaba obvio que su forma de pensamiento —teocrática no pocas veces— no se correspondía en absoluto con la de las más diversas izquierdas. No sólo eso. Tanto musulmanes como incluso algunos judíos habían ocupado puestos destinados a servir a la clase dominante, con lo que el paralelo propuesto por Castro volvía a quebrarse. En ese sentido, la controversia que el crítico mantuvo con el historiador —éste sí— Claudio Sánchez Albornoz concluyó, como no podía ser menos, con el triunfo rotundo de este segundo autor.

Al final, guste o no, la Historia se sustenta sobre las fuentes y no sobre la especulación o el prejuicio ideológico y esas fuentes nos indican, entre otras cuestiones, que Cervantes no procedía de un linaje de cristianos nuevos.

VI

RAFAEL CASANOVA FUE UN NACIONALISTA CATALÁN

Todos los años, los partidos políticos de Cataluña, con alguna notable excepción, festejan la celebración de la Diada. En el curso de semejante conmemoración, se honra de manera especial la figura de Rafael Casanova que, supuestamente, habría sido un nacionalista catalán muerto en defensa de la independencia de Cataluña cuando combatía contra las fuerzas extranjeras de España que asediaban la ciudad de Barcelona. La realidad histórica apenas tiene punto de contacto con ese mito nacionalista.

Los últimos años de la dinastía de los Austrias constituyeron un esperpéntico retrato de la decadencia política del Imperio español. A la muerte de Felipe IV, le sucedió un pobre enfermo —Carlos II el Hechizado— cuyos males eran atendidos mediante el recurso a reliquias, rezos y medallas. Semejantes recursos podían encajar en el espíritu de la España de la Contrarreforma, pero no cabe duda de que ni curaron ni paliaron al pobre doliente. Incapaz de tener descendencia, en su testamento Carlos II dejaba la Corona española a un miembro de la dinastía que reinaba en Francia, la secular enemiga de España.

En 1700, la coronación de Felipe V, pariente de Luis XIV de Francia, fue aceptada sin problemas por la totalidad de España sin excluir las cortes de la antigua Corona de Aragón como fue el caso de las de Cataluña. En apariencia, la cuestión dinástica había quedado saldada, pero el deseo de Inglaterra y Holanda de impedir la peligrosa hegemonía francesa en el continente y de sustituirla por un sistema de equilibrios provocó una guerra europea que tendría su repercusión en España, ya que como candidato alternativo a Felipe V, los aliados propugnaron al archiduque Carlos, lejanamente emparentado con el difunto Carlos II.

En mayo de 1704, el archiduque Carlos, perteneciente a la Casa de Austria, llegó a Lisboa con la intención de desalojar del trono a Felipe V valiéndose de las armas. El 4 de agosto, el almirante inglés Rooke se apoderó de Gibraltar en nombre del aspirante a la Corona española, y el 13 de octubre, el archiduque Carlos desembarcó en Barcelona y se iniciaba la denominada Guerra de Sucesión. Ésta —como siempre suele suceder con las guerras civiles— dividió a España de manera desigual. De hecho, ni siquiera Cataluña, que era partidaria en su mayoría del aspirante austríaco, rechazó totalmente a Felipe V. Así, ciudades como Cervera mostraron desde el principio una firme lealtad hacia el Borbón.

Aunque en 1706, Zaragoza cayó en manos del archiduque Carlos y éste incluso entró efímeramente en Madrid, desde 1707 hasta 1710, las tropas de Felipe V obtuvieron una victoria militar tras otra. Pero aún más determinante que estos triunfos militares fue que en 1711, muriera el emperador José I y el archiduque Carlos pasara a ser el heredero directo del trono imperial. De repente, el personaje en el que Inglaterra y Holanda habían depositado su confianza para impedir el proyecto hegemónico francés en Europa se transformaba en alguien que podía repetir la alianza hispano-germánica de la época de Carlos V y aniquilar cualquier política de equilibrio continental. Para la alianza anglo-holandesa resultaba pues imperativo concluir el conflicto e impedir esta nueva eventualidad.

En septiembre de 1711, el archiduque embarcó en Barcelona dejando como regente en la ciudad catalana a su esposa, Isabel de Brunswick. Barcelona iba así a convertirse en el último bastión de los Austrias y en ese episodio final de la Guerra de Sucesión tendría un papel destacado Rafael Casanova, un miembro de una familia burguesa catalana que ya había estado vinculada a los Austrias desde mediados del s. XVII.

El 25 de enero de 1706, al tener lugar la muerte del consejero tercero de Barcelona, Jacint Lloreda, correspondió a Casanova ocupar el cargo. En 1707, el archiduque Carlos le otorgó el nombramiento de *ciutadà honrat* (ciudadano honrado), un título honorífico ambicionado por las familias acaudaladas catalanas que no pertenecían a la nobleza. Resulta más que obvio partiendo de estos datos que Casanova no era un independentista catalán sino un austracista, es decir, un partidario de que la Corona española —en la que estaba integrada Cataluña— recayera en el Austria Carlos.

Sin embargo, el proyecto de Rafael Casanova estaba condenado al fracaso tras las victorias militares de Felipe V y, sobre todo, tras el abandono de Inglaterra y Holanda. Para colmo de males, el 25 de julio de 1713 las tropas de Felipe V iniciaron el asedio de Barcelona. El 30 de noviembre de 1713, Casanova fue nombrado *conseller en cap* de Barcelona, la máxima autoridad de la ciudad. El cargo llevaba incluido el grado de coronel de los Regimientos de la Coronela, la milicia ciudadana.

Resultaba más que obvio que Barcelona se hallaba en una situación desesperada y no sorprende que el duque de Berwick, comandante de las fuerzas borbónicas, propusiera la rendición de la plaza el 3 de septiembre. Ante esa situación —¡en la que los catalanes llegarían a pedir que los vencedores les abonaran los gastos que les había ocasionado la guerra!— Casanova intentó ganar tiempo y expuso la conveniencia de gestionar un armisticio de doce días. Sin embargo, la propuesta fue rechazada y el asedio continuó.

El 11 de septiembre, día del asalto final de las tropas borbónicas, Casanova hizo acto de presencia en la muralla portando el estandarte de Santa Eulalia. En el curso del combate, Casanova fue herido en el muslo por una bala y se le trasladó al colegio de la Merced, donde se le practicó una primera cura. Temerosos de cuál pudiera ser su destino en caso de caer prisionero, algunos familiares y amigos de Casanova procedieron a difundir la noticia de que había muerto combatiendo. La realidad fue que no sólo se salvó sino que además logró trasladarse a la finca de su hijo, en Sant Boi de Llobregat, donde curó de la herida.

Casanova había combatido contra el rey legítimo, pero las nuevas autoridades borbónicas no se comportaron con él con rigor. En 1719, fue amnistiado y volvió a ejercer la abogacía como si nada hubiera sucedido. Siguió dedicado a ese menester hasta el año 1737, en que decidió retirarse. Sus últimos años —una década— transcurrieron apacibles en Sant Boi de Llobregat. Desde luego, poco podía sospechar Rafael Casanova que algunos de sus paisanos que no compartían su amor por España lo convertirían en independentista, caído en el asedio de Barcelona y mártir, circunstancias las tres completamente falsas. Español austracista, superviviente de la guerra y plenamente reintegrado en la sociedad, su transformación en mito derivó de intereses bastardos, los del nacionalismo catalán, precisado de inventarse, a cualquier costo, una historia inexistente para legitimar sus fines.

VII

GIBRALTAR NO ES ESPAÑOL

En los últimos años, autores como Henry Kamen y políticos como Miguel Ángel Moratinos o José Luis Rodríguez Zapatero han insistido en la necesidad de no discutir la soberanía que el Reino Unido pretende tener sobre la colonia de Gibraltar y, de manera explícita o gestual, de aceptar la renuncia española a sus derechos. Semejante postura, lamentable en un político, resulta inconcebible en un historiador que debe juzgar sobre la base de hechos recogidos en las fuentes y es que la legitimidad de la ocupación británica de Gibraltar constituye una falacia.

En 1704, España se hallaba desgarrada por una terrible guerra civil. El final de la dinastía de los Austrias en la figura de Carlos II el Hechizado había abierto un proceso sucesorio que, en puro derecho, tenía que haber comenzado y concluido con el entronizamiento de Felipe de Borbón como rey de España. Sin embargo, el temor a una alianza franco-española provocó de manera inmediata una reacción internacional y la aparición de un candidato alternativo en la persona del archiduque Carlos de Austria. Como vimos en el capítulo anterior, apoyaban a éste Holanda, el imperio y, muy especialmente, Inglaterra, que bajo ningún concepto deseaba la existencia de una potencia fuerte en el continente.

El 4 de agosto del citado año, la ciudad, castillo y fortaleza de Gibraltar fueron objeto de un ataque llevado a cabo por una fuerza combinada anglo-holandesa. Gibraltar, como la casi totalidad de España, había ya prestado obediencia a Felipe V de Borbón y, de manera lógica, decidió resistir al ataque de unas tropas que representaban los intereses del archiduque Carlos. La resistencia estaba condenada al fracaso dada la superioridad del enemigo y, finalmente, vecinos y guarnición terminaron por rendirse. A la sazón, el territorio de Gibraltar comprendía la comarca costera de la bahía de Algeciras y con su ciudad de más de cinco mil habitantes era la capital de una zona extensa superior a alguna provincia española. La acción, en teoría, no debía haber tenido mayor trascendencia en la medida en que, como ya queda dicho, ingleses y holandeses eran aliados de un aspirante al trono español y sólo tomaban posiciones en territorio de la nación española. Lamentablemente, el almirante inglés Rooke decidió pasar por alto reglas tan elementales y mediante un acto que sólo puede ser calificado como piratería tomó posesión de la plaza no en nombre del archiduque Carlos sino de la reina inglesa Ana. Al respecto, la edición de 1879 de la *Encyclopedia Britannica*, volumen 10, página 586, no se recataba de señalar lo taimado de semejante acción atribuyendo el acto llevado a cabo por Rooke a su propia responsabilidad (*«his own responsibility»*) y añadiendo que, desde luego, había ido en contra del honor de Inglaterra el que hubiera sancionado y ratificado una ocupación desprovista de principios como aquélla. El comportamiento de Rooke, por seguir el texto de la *Britannica*, había sido el de un patriotismo carente de escrúpulos (*«unscrupulous patriotism»*) y por ello no resultaba extraño que los españoles hubieran sentido profundamente la injusticia perpetrada contra ellos. Desgraciadamente, aquel episodio sólo iba a ser el inicio de una larga cadena de abusos ingleses.

Desde luego, no resulta extraño que Felipe V intentara reconquistar la plaza, ya en septiembre de 1704, y que se irritara profundamente cuando le recordaban la villanía inglesa. Con el paso del tiempo, el monarca caería en un trágico desarreglo mental —al que me he referido en alguno de mis libros—, pero en lo que se refiere al tema de Gibraltar hay que insistir en que estaba cargado de razón. A fin de cuentas, Gibraltar formaba parte del territorio hispánico desde la época de la colonización romana, nunca había dejado de estar sometido a entidades políticas españolas —cristianas o islámicas— e incluso míticamente se asociaba con la fundación de España por el mismo Hércules. En términos cronológicos, distintas instituciones políticas hispánicas dominarían la plaza por un período de tiempo hasta ocho veces superior al de la existencia de la colonia británica. De hecho, cuando el Tratado de Utrecht puso fin a la Guerra de Sucesión y en su artículo décimo se recogió la ocupación de Gibraltar por Inglaterra, España se guardó muy mucho de aceptar la legitimidad de aquel acto. La cesión quedó por añadidura condicionada a la supresión del comercio entre la plaza y el territorio vecino, a la prohibición de residencia en Gibraltar de determinadas personas para garantizar la seguridad española y al respeto por parte de Inglaterra del culto católico en la plaza. Finalmente, el texto incluía una cláusula resolutiva de la crisis en la que se afirmaba que si en algún tiempo Gran Bretaña decidía «dar, vender o enajenar» Gibraltar se daría «a la Corona de España la primera acción antes que a otros para redimirla». A partir de ese momento, España intentaría vez tras vez recuperar un territorio propio y Gran Bretaña mantener lo que consideraba una colonia.

Los abusos cometidos por el Reino Unido fueron, como ya hemos indicado, no escasos. Por ejemplo, en las negociaciones preliminares al Tratado de Madrid de 13 de junio de 1721 se planteó como condición previa la devolución de Gibraltar a España. El ministro inglés en Madrid, William Stanhope, y el secretario de Estado español, marqués de Grimaldi, acordaron así que el tratado no sería ratificado mientras Jorge I de Inglaterra no comunicara la restitución de Gibraltar. El 1 de junio, Jorge I envió la carta en cuestión, pero una vez que el 5 de julio del mismo año España ratificó el tratado, el monarca inglés faltó vergonzosamente a su palabra.

Las promesas británicas volvieron a repetirse en ocasiones en que Gran Bretaña se vio amenazada por un enemigo más poderoso que España, pero siempre para quedar en nada. Por si fuera poco, Inglaterra fue sumando a sus desafueros diplomáticos una larga lista de incumplimientos del Tratado de Utrecht desde el mismo s. XVIII, cuya simple exposición sería material demasiado extenso para una obra de estas características. Así, nada más firmarse el acuerdo, las tropas inglesas procedieron a ocupar militarmente la Torre del Diablo a Levante y el Molino a Poniente, no incluidos en el mismo. El 19 de agosto de 1723, William Stanhope sostenía con evidente descaro que Inglaterra tenía derecho a ampliar el terreno cedido por el Tratado de Utrecht a «todo el terreno cubierto por la artillería de la Plaza», aunque reconocía que tal extremo no estaba contemplado en el texto firmado por ambas naciones. En 1815, por ejemplo, una epidemia de fiebre amarilla diezmó a los ingleses de Gibraltar. España ofreció entonces generosa ayuda humanitaria a los británicos y éstos aprovecharon la situación para apoderarse de nuevos territorios españoles en la zona. En 1854, las autoridades británicas volverían a utilizar una ocasión similar —la siempre generosa ayuda española prestada con ocasión de una epidemia— para repetir su proceso expansivo. En 1908, en claro antecedente del muro de la vergüenza berlinés, el Gobierno británico levantó incluso una verja de hierro que separaba físicamente a España de una colonia gibraltareña que no había dejado de crecer territorialmente en las últimas décadas.

A esas alturas, los ingleses eran más que conscientes de que su colonia era incapaz de automantenerse —a diferencia de otras bajo pabellón británico— y reconocían que Gibraltar sobrevivía gracias a actividades ilegales como el contrabando. El 25 de agosto de 1841, por ejemplo, lord Palmerston, en una bochornosa nota enviada a la legación española en Londres, afirmaba que los barcos de contrabandistas irían armados con cañones para defenderse de los guardacostas españoles. A nadie se le ocultaba —como no se le oculta hoy— que Gibraltar no era viable económicamente salvo mediante la conjunción de prácticas económicas delictivas y de colonialismo británico. Tan sólo este tema daría material más que sobrado para una voluminosísima tesis doctoral.

Por supuesto, no todos los británicos veían con agrado semejante suma de desafueros. En 1856, sir Robert Gardiner en su *Informe sobre Gibraltar. Una fortaleza y una colonia* se preguntaba: «¿Cuáles deben ser los sentimientos de todos los españoles con esta noble Roca a la vista siempre, ocupada por extranjeros?» Seis años después, John Bright afirmaba que «el Peñón de Gibraltar fue tomado y retenido por Inglaterra cuando no estábamos en guerra con España y su apropiación fue contraria a todas las leyes de la moral y del honor». No fueron los únicos.

Naturalmente, Gibraltar, que nunca ha sido algo distinto a una colonia, se vio afectada directamente por el proceso descolonizador. En 1950, el Gobierno británico inició en Gibraltar una repoblación que, supuestamente, ayudaría a legitimar la supervivencia de la colonia. La acción —una burla absoluta del derecho internacional— fue objeto de aceradas críticas incluso en Gran Bretaña. En febrero de 1951, por ejemplo, William C. Atkinson señalaba cómo Inglaterra se había comportado en la situación de Gibraltar añadiendo «el insulto a la herida». El 17 de septiembre de 1954, Halliday Sutherland afirmaba que la toma de Gibraltar en 1704 «fue un acto de piratería» y en 1966, Arnold J. Toynbee indicaba la injusticia de la ocupación británica de Gibraltar preguntándose: «¿Le agradaría al pueblo británico ver una fortaleza rusa o china en Land's End o en las islas del Canal?»

Sin embargo, lo más importante no fue la repulsa de algunos británicos ilustres sino que la ONU reconoció pública y oficialmente que Gibraltar no era territorio británico sino una colonia. El Comité encargado por Resolución 1654 (XVI) de 27 de noviembre de 1961 del examen de cuestiones relacionadas con el proceso de descolonización —un comité que desde el 17 de diciembre de 1962 contaría con veinticuatro miembros— proclamó solemnemente en su resolución de 16 de octubre de 1964 que «las disposiciones de la Declaración sobre la concesión de independencia a los países y a los pueblos coloniales se aplican íntegramente al territorio de Gibraltar». El 16 de diciembre del año siguiente, el plenario de la XX Asamblea General de la ONU aprobaba un proyecto de resolución sobre Gibraltar en el que volvía a insistir en el carácter colonial de este enclave. La Resolución fue aprobada por 96 votos a favor y ninguno en contra.

Lo cierto es que semejante paso —de capital importancia histórica— venía a recoger lo que había sido un proceso sin titubeos. De hecho, y es obligado referirlo, a lo largo de la historia de España, pocas causas han sido defendidas de manera más unánime por los españoles de todo signo que la de la soberanía española de Gibraltar. Por supuesto, como hemos indicado, esa causa la defendieron reyes como Felipe V o Carlos III y dictadores como Miguel Primo de Rivera o Franco. Pero también lo hicieron los cuatro presidentes de la Primera República: Figueras, Pi i Margall, Salmerón y Castelar. Estanislao Figueras afirmó, por ejemplo, que «el objetivo de la nación debe ser en ésta como en todas las cuestiones, buscar el engrandecimiento y la prosperidad, para que esta política nos lleve a Gibraltar». Francisco Pi i Margall señaló que «la patria está encogida porque está cercenada con la exclusión de Gibraltar». Salmerón dijo: «Inglaterra extiende continuamente su dominio en el territorio de España» y Emilio Castelar proclamó: «Yo admiro mucho a la nación inglesa. Mas declaro que no puede ser nuestra aliada mientras posea Gibraltar.» La misma actitud mantuvieron los dos presidentes de la Segunda República, Alcalá Zamora y Azaña. Alcalá Zamora señaló, por ejemplo, «Entre Inglaterra y España sólo se plantea e interpone un problema: el de Gibraltar. Han pasado más de dos siglos, podrían pasar muchos más y ese problema seguiría vivo» y Manuel Azaña escribía: «Toqué la cuestión del Estrecho haciendo ver la importancia de asegurar su dominio, en caso de guerra. Examiné la cuestión de Gibraltar y dije al Consejo mi propósito de preparar desde el Ministerio de la Guerra los planes necesarios para tener aquel dominio.»

Ese punto de vista llegó incluso a hacerse extensivo a dirigentes de la izquierda como la anarquista Federica Montseny o el socialista Luis Araquistain, que manifestó: «Gibraltar es un anacronismo histórico que debe avergonzar a todos los europeos de Occidente y no sólo a los españoles y a los ingleses.» No hace falta decir que no pensaban cosa distinta los intelectuales más importantes. Joaquín Costa afirmaba: «Ese control inglés es vejatorio para España y no debe tolerarse...», y Salvador de Madariaga declaraba: «Nadie cree hoy en Inglaterra que sea posible negarle Gibraltar a España.» «En cuanto a los políticos, en este asunto, no creen ni una palabra de lo que dicen.»

Esa situación no experimentó cambios tampoco al producirse la instauración de un régimen democrático en España durante la segunda mitad de los años setenta del siglo pasado. Tanto los gobiernos de la UCD como los del PSOE mantuvieron la insistencia en la soberanía española sobre Gibraltar, una posición nacional que se salvaguardó en la Declaración aneja al Tratado de adhesión a las Comunidades Europeas. Por otra parte, el derecho comunitario, de forma congruente con la situación colonial que sufre España en Gibraltar, establece en el art. 299 - 4 del TCEE que «las disposiciones del presente Tratado se aplicarán a los territorios europeos cuyas relaciones exteriores asuma un Estado miembro». Es decir, que los gibraltareños, según el derecho comunitario, no cuentan con voz propia en política exterior, porque la asume el Reino Unido.

Por otro lado, la política exterior correspondiente a las dos legislaturas de gobierno del PP mantuvo esa misma línea ininterrumpida de tres siglos, logrando avances verdaderamente notables siendo ministro de Asuntos Exteriores Josep Piqué y cuando se abordó el tema de la soberanía. El acuerdo no se concluyó finalmente —Gran Bretaña pretendía que fuera definitiva la solución cosoberanista y además que se consultara a los habitantes de Gibraltar, mientras España rechazaba ambos extremos— pero significó un reconocimiento por parte británica de los derechos españoles.

Esos avances —insistimos en ello, respaldados por una unanimidad española de tres siglos— se han desplomado de manera incomprensible por la política exterior desarrollada por Rodríguez Zapatero y su ministro de Asuntos Exteriores, Miguel Ángel Moratinos desde 2004 hasta la actualidad. Así, Rodríguez Zapatero ha renunciado a negociar la soberanía, ha admitido que los gibraltareños sean sujetos de derecho en las discusiones, ha consentido que cuenten con un derecho de veto que no les corresponde legalmente y, por añadidura, ha realizado una serie de concesiones sin contraprestación.

Hasta 2004, sólo dos razones impedían que Gibraltar siguiera el camino de otras colonias británicas, como Hong Kong, y fuera reintegrada a la soberanía que en derecho corresponde, es decir, a la española. La primera era el prurito británico de continuar manteniendo un peso colonial en un mundo afortunadamente poscolonial. La segunda —aún más inconfesable— era no entrar a fondo en la sentina de irregularidades legales que tiene como sede Gibraltar y que ha sido denunciada repetidamente desde las más diversas instancias. Resulta obvio que ninguna de estas razones era de recibo en el marco no sólo de la Unión Europea sino del cumplimiento más elemental del derecho internacional.

A día de hoy, la única salida justa y razonable para el contencioso de Gibraltar sigue siendo la restitución de la soberanía de la plaza a España. De hecho, el momento en que se llegue a ese punto no sólo se habrá corregido una injusticia histórica sino que habrá desaparecido el último contencioso entre dos grandes naciones que, antaño enemigas, son ahora amigas y aliadas y, sobre todo, se habrá eliminado del territorio europeo una lacra tan vergonzosa y vergonzante como la existencia de una colonia. Sin embargo, si hoy estamos más lejos que nunca de llegar a esa ansiada meta lo debemos no a las acciones de la «pérfida

Albión», sino a la incompetencia, desidia y falta de sentimiento nacional del Gobierno que preside José Luis Rodríguez Zapatero. Se trata de una conducta que sólo puede sustentarse en una terrible falacia, la de afirmar que Gibraltar no es español.

VIII

EL LEVANTAMIENTO DEL DOS DE MAYO FUE UNA RESPUESTA DE TODA LA NACIÓN ANTE EL INVASOR FRANCÉS

Se ha convertido en una afirmación continuada la de señalar que el 2 de mayo de 1808 la nación se levantó en bloque contra el invasor francés. Semejante visión no sólo contribuía a sostener el mito de la nación en armas sino también a ocultar el comportamiento poco digno de sectores considerablemente influyentes de la vida española. La realidad histórica fue, sin embargo, muy diferente.

En 1788, Carlos IV accedió al trono español. El reino que recibía había experimentado enormes avances en casi todos los terrenos. En política internacional, España había recuperado su estatus de potencia importante que incluso había derrotado a Gran Bretaña recuperando territorios usurpados por las fuerzas inglesas. En política interior, España había avanzado extraordinariamente colocándose en el camino de lo que hubiera podido ser un avance ulterior similar al experimentado por Francia. Toda esa trayectoria quebró a causa de las limitaciones como monarca de Carlos IV y, de manera muy señalada, por la Revolución francesa que amenazaba de manera directa al Antiguo Régimen. Los acontecimientos de Francia, en primer lugar, provocaron un frenazo en los avances del reformismo ya que se sospechaba de cualquier novedad, pero, en segundo lugar, obligó a España a sumarse a la alianza legitimista creada por las monarquías contra la República francesa. La primera consecuencia de este paso fue la entrada en la denominada Guerra de la Convención (1793-1795) que enfrentó a la Primera Coalición con la República francesa.

De manera bien significativa, el conflicto fue muy popular en España, especialmente en una Cataluña que pocas veces se sintió tan española como entonces. En explicación de ese fenómeno hay que aducir que se combatía contra un enemigo secular, Francia, a la que se contemplaba además como enemiga de la monarquía y la religión católica. Lamentablemente para España, el entusiasmo popular no se tradujo en éxitos militares. Tras lograr algunos triunfos iniciales en el Rosellón, las tropas españolas se vieron obligadas a retirarse y las francesas penetraron en Cataluña, Navarra y las Vascongadas llegando hasta Miranda de Ebro. Ahí concluyeron los avances franceses que se correspondían con la política secular de crear un glacis en territorio español que incluyera Cataluña y las Vascongadas. Al fin y a la postre, Manuel Godoy, a la sazón valido de Carlos IV, acabó optando por firmar por separado con Francia la Paz de Basilea (1795). De esa manera, España pudo abandonar los combates aunque a cambio de reconocer a la República francesa que había decapitado a Luis XVI, pariente de Carlos IV, de cederle la parte española de la isla de La Española y de aceptar el establecimiento de relaciones comerciales.

A raíz de este tratado, Godoy obtuvo el título de Príncipe de la Paz, pero la realidad, sin duda, dramática, se reducía al hecho de que España quedaba atrapada en una situación internacional muy difícil en la que sólo contaba con la posibilidad de aliarse con una potencia enemiga de su imperio como era Inglaterra o con otra revolucionaria como era Francia. La disyuntiva la solventó Carlos IV no basándose en los mejores intereses de España sino en el hecho de que necesitaba la ayuda francesa para asegurarse el ducado de Parma ya que su hija María Luisa estaba casada con el heredero del ducado. Fue así como se firmó en

Francia el segundo Tratado de San Ildefonso de 18 de agosto de 1796.

Las consecuencias de la alianza —alianza, insistamos en ello, debida al deseo de asegurar un ducado para una hija de Carlos IV— fueron desastrosas para España. La Marina inglesa derrotó a la española en San Vicente el 14 de febrero de 1797 y además se apoderó de Trinidad. Es cierto que los navíos ingleses sufrieron derrotas en Cádiz, Puerto Rico y Tenerife, pero quedaron más que compensadas por el hecho de que Francia —de nuevo desleal con España— decidió firmar una paz por separado con Inglaterra. Este acontecimiento provocó la caída temporal de Godoy, auténtico chivo expiatorio de la política de Carlos IV, el 28 de marzo de 1798. Se trató, sin embargo, de un apartamiento breve del poder. En 1801, Godoy regresó a las tareas de gobierno, en parte, porque seguía conservando el favor de Carlos IV y, en parte, porque no se veían alternativas a su gestión.

El nuevo período de poder de Godoy se tradujo en una vinculación aún mayor con Francia, no porque así conviniera a España sino por meros intereses dinásticos como era el deseo de que Napoleón, ya el hombre fuerte de la Revolución francesa, entregara un reino en Etruria a la duquesa de Parma, hija de Carlos IV. Una vez más, el valido —un hombre realmente ilustrado— cargaba con la responsabilidad de decisiones adoptadas, a decir verdad, desde el trono. Esa realidad quedó, siquiera en parte, cubierta por el hecho de que en la denominada Guerra de las Naranjas de 1801, España recuperó la plaza de Olivenza que ocupaba Portugal y por ello no debería sorprender que por aquel entonces Godoy llegara al máximo de su popularidad. Sin embargo, esa situación aparentemente tranquila no iba a durar mucho. Se vería quebrada de manera drástica por la política de Napoleón.

El emperador francés, decidido a acabar con la resistencia inglesa, la única que seguía oponiéndose imbatida a sus proyectos, articuló la denominada política de bloqueo continental que pretendía cerrar todos los puertos europeos a las mercancías procedentes de Inglaterra. El plan tenía una notable coherencia, pero eso no significa que provocara entusiasmo alguno. De hecho, la reticencia se convirtió en clara resistencia en el caso de Portugal, que era un aliado histórico de Inglaterra.

En 1805, España se vio obligada a participar en el bloqueo continental de Napoleón y, una vez más, las consecuencias fueron desastrosas, como quedó de manifiesto, especialmente, con la derrota naval de Trafalgar el 21 de octubre de ese año. A esas alturas, Godoy ya se había percatado de que sus días en el poder estaban contados y no tanto por las deplorables consecuencias de la política exterior cuanto porque el príncipe Fernando, ansioso de acceder al trono, ya conspiraba contra su padre Carlos IV.

Godoy, sin duda, había llevado a cabo reformas positivas —reducción de los monopolios gremiales, apoyo a la Ley agraria, supresión de algunos impuestos y liberalización de los precios de las manufacturas— e incorporado a los ilustrados al Gobierno como fue el caso de Jovellanos en calidad de secretario de Justicia o de Cabarrús en Hacienda. Sin embargo, al final, la política que había seguido era la de un Carlos IV ocupado de los intereses familiares por encima de los nacionales y, por añadidura, incapaz. Con la estrella en ascenso de un príncipe que soñaba con derrocar a su padre, era obvio que su carrera política tocaba a su fin.

Para enrarecer todavía más el panorama político, el príncipe Fernando había llegado a la conclusión de que Napoleón, el amo de Europa, podía intervenir en su favor. La bajeza a la que descendería el joven Borbón para suceder a su padre no conocería límites. Así, el 17 de agosto de 1807, el conde de Beauharnais, embajador de Francia en España, escribía que Fernando «solicitaba de rodillas la protección del emperador y no quería aceptar esposa más que de su mano». Inicialmente bien dispuesto, el 25 de septiembre, Napoleón comentaba a Duroc que pensaba casar a Fernando con Carlota, una de las hijas de su hermano Luciano.

Con esos antecedentes, no sorprende que la camarilla de Fernando —el canónigo Escoiquiz y los duques del Infantado y San Carlos— tramara un golpe de Estado y propusiera al rey que nombrara al duque del Infantado gobernador militar de Madrid para que se hiciera con el poder en caso de morir Carlos IV. Únicamente la intervención de la reina, alertada por algunos criados, abortó la conjura. Al registrarse entonces la cámara del príncipe, se descubrió que tramaba un golpe de Estado contra su propio padre. El rey firmó a la sazón un decreto que ordenaba la detención de Fernando. Si, finalmente, no fue juzgado se debió a la intercesión de Godoy.

Al conocer las conspiraciones palaciegas de Fernando, Napoleón llegó a la conclusión de que España estaba madura para ser dominada. ¿Podía pensarse algo distinto viendo el estado de sus instituciones? De hecho, conocemos cartas dirigidas desde finales de 1807 a sus hermanos Luciano y José en las que ya menciona su plan de apoderarse de España. Por lo tanto, el suyo no fue un proyecto —como se ha indicado en alguna ocasión— que derivara de la sublevación del Dos de Mayo.

El único problema que se le presentaba a Napoleón se reducía a encontrar una excusa para que sus tropas pudieran entrar en territorio español y proceder a su control.

Finalmente, el emperador de Francia propuso el reparto de Portugal a los reyes españoles. Su verdadera intención, sin embargo, era que Carlos IV permitiera penetrar a las tropas francesas en España en dirección a la nación vecina. Obviamente, una vez que los ejércitos franceses se encontraran en España, Napoleón los utilizaría para someterla y supuestamente, podría entregársela a su hermano José como nuevo rey. En medio de esta maraña de intrigas, estalló el motín de Aranjuez, un episodio que aún dejó más de manifiesto la degradación de las instituciones españolas comenzando por la monarquía.

A pesar de las promesas imperiales, Godoy se había percatado de que Napoleón tan sólo tenía el propósito de invadir España y por ello sugirió a los reyes que se trasladaran a Sevilla para desde allí huir rumbo a América y resistir al emperador. La tarea no era fácil porque las tropas francesas ya comenzaban a estar acantonadas en España, de manera que todo se ocultó bajo el pretexto del traslado de la corte el 13 de marzo de 1808 a Aranjuez. Desde esta localidad madrileña, debía marchar a Sevilla. Sin embargo, durante la noche del 17 al 18 de marzo, algunos grupos procedentes de Madrid se dirigieron a Aranjuez e invadieron los jardines de palacio aclamando al príncipe Fernando.

El motín de Aranjuez se convirtió así en un golpe de Estado en toda regla en el curso del cual, presa del pánico, Carlos IV abdicó en su hijo mientras que Godoy lograba salvar su vida a duras penas. En un acto que deja de manifiesto la catadura moral del personaje, Fernando afirmó que deseaba entrevistarse con Napoleón para que zanjara de una vez por todas la disputa sucesoria. En honor a la verdad, hay que decir que el derrocado Carlos IV adoptó la misma conducta. Supuestamente, Fernando debía encontrarse con el emperador en el norte de España, pero, al fin y a la postre, decidió pasar a Bayona al saber que sus padres también habían decidido encontrarse con Napoleón y pedir su ayuda.

Las intenciones del emperador eran muy otras y se reducían a destronar a los Borbones y sustituirlos por una nueva dinastía iniciada por su hermano José Bonaparte. Al percatarse de las intenciones del emperador, el canónigo Escoiquiz, gran intrigante de la camarilla de Fernando VII, intentó convencerlo de lo absurdo de tal acción alegando que los Borbones eran nulos y no representaban ningún peligro para las ambiciones francesas. Seguramente, no erraba en su juicio Escoiquiz, pero Napoleón, en un arrebato de soberbia, le dijo que tenía el propósito de acabar con los Borbones. En paralelo, las tropas francesas seguían ocupando, una tras otra, las plazas españolas.

De manera sorprendente, si se tiene en cuenta lo que sucedió después, en términos generales, la respuesta de los españoles fue de pasividad. Ciertamente, en algún caso, se resintieron de la toma de plazas por los franceses, pero seguían considerándolos aliados ya que, formalmente, lo eran. Por supuesto, ni la corte ni el Ejército ni la Iglesia católica pensaban en la resistencia frente al invasor. Y en esas condiciones, llegó el Dos de Mayo.

A las siete de la mañana del 2 de mayo, Madrid, la ciudad que ya entonces se despertaba la primera en España, era testigo de cómo sus habitantes habían comenzado a afanarse en la búsqueda del pan cotidiano. Cuando ante el palacio real llegaron dos carruajes procedentes de las caballerizas, algunos de los madrileños pudieron contemplarlos con cierta curiosidad. Hora y media después, apareció uno de los escasos Borbones que aún seguía en territorio español. Se trataba de la reina de Etruria que, acompañada de sus hijos, de un aya y un mayordomo, ocupó el primer coche. Al segundo, subirían algunos criados. Tras recibir algunas señales de acatamiento de la servidumbre de palacio, el primer vehículo partió por la antigua Huerta de la Priora, pasó ante el teatro de la Ópera y continuó por la calle del Tesoro. La acción había sido contemplada por algunos madrileños con aparente pasividad, pero entonces sucedió algo inesperado.

Por la calle Nueva de Palacio, apareció un hombre del pueblo que se acercó al segundo coche, echó un vistazo en su interior y, apresuradamente, se dirigió hacia palacio. Volvió a aparecer al cabo de unos instantes, avisando que los franceses querían llevarse a «todas las personas reales». Los gritos atrajeron inmediatamente a una muchedumbre que, bajo las ventanas de palacio, comenzó a gritar «mueras» a los franceses y a exigir que no salieran los infantes. Llevaban así un rato, cuando se abrió uno de los balcones y apareció un gentilhombre de palacio. Dirigiéndose a la multitud, la llamó a las armas para evitar que se llevaran al infante. El llamamiento electrizó a los presentes y un grupo de unas setenta personas cruzó la entrada y se encaminó hacia las habitaciones del infante don Antonio. Apareció entonces el infante don Francisco acompañado de un grande. Visiblemente emocionado por el afecto que le dispensaba el pueblo, el infante, que tenía tan sólo doce años, se dirigió hacia uno de los balcones. Su aparición provocó un estallido de entusiasmo popular subrayado por gritos que le rogaban que no se fuera.

El alboroto llamó la atención de Murat, que se alojaba en el palacio de doña María de Aragón y que envió a palacio a Auguste Lagrange, uno de sus edecanes. La llegada de los franceses a la cercanía de palacio provocó una reacción inmediata en los presentes que estuvo a punto de concluir en derramamiento de sangre. Sin embargo, Murat no estaba dispuesto a tolerar la acción de aquellos madrileños y ordenó el envío de tropas que llevaran a cabo el oportuno escarmiento. Así, el batallón de granaderos de la guardia imperial hizo acto de presencia en la explanada de palacio con dos piezas del 24 y, nada más llegar, sin mediar palabra alguna, disparó sobre la muchedumbre una descarga alta de fusilería, seguida de otra baja de metralla. El resultado fue una docena de víctimas entre muertos y heridos. Mientras los infantes y los ministros se refugiaban tras los muros del palacio real cuyas puertas se cerraron de inmediato, los granaderos franceses siguieron ametrallando a los civiles. Y entonces, como si alguien hubiera encendido un reguero de pólvora, se extendió la rebelión.

Lejos de huir ante un enemigo superior material y numéricamente, los madrileños comenzaron a gritar que no deseaban ser esclavos y que era preferible morir matando, a la vez que reunían palos y cuchillos contra arcabuces y cañones. Se trató de un acto espontáneo, carente de preparación y de planes en el que la diferencia de medios entre los invasores y los españoles resultaba abismal. Mientras que los españoles no contaban a la sazón más que con unos cuantos regimientos de infantería que reunían a unos cinco mil hombres en su conjunto y que además estaban acantonados no en la misma capital sino en el exterior, Murat disponía de más de cincuenta mil hombres que se hallaban acuartelados en la misma capital. Además, desde las cercanías de Madrid podían afluir refuerzos con rapidez. Por si la desproporción resultara poco inconveniente, ni siquiera todos los soldados españoles estaban dispuestos a sumarse al alzamiento. Desde hacía meses, se les había insistido en que los franceses eran aliados y en que, por supuesto, resultaba intolerable cualquier acto agresivo dirigido contra ellos. Lo que se esperaba en esos momentos de los militares españoles no era, por lo tanto, que apoyaran al pueblo, sino que, como mínimo, se mantuvieran al margen.

La única excepción a esa línea general de acción era el parque de artillería de Monteleón, que se encontraba a las órdenes de los capitanes Daoíz y Velarde. Con todo, las armas reunidas durante las jornadas previas no eran tan numerosas como para esperar el éxito de la sublevación. A veinticinco cañones desmontados, de bronce y de calibre regular, se sumaban otros seis de diversos calibres y seis más de hierro. Se añadían a lo anterior unos diez mil fusiles, dos mil espadas y dos mil treinta cartuchos de infantería, un arsenal a todas luces insuficiente.

La respuesta francesa resultó verdaderamente fulminante. Unos tres mil jinetes salieron del Retiro, los cuarteles del Pósito y la Carrera de San Jerónimo avanzando a toda velocidad. De la Casa de Campo subieron cuatro mil infantes por el puente y la calle de Segovia. Dos mil coraceros partieron de los Carabancheles y llegaron hasta el Portillo de Embajadores. De el Pardo y Puerta de Hierro llegaron otros cuatro mil infantes que, subiendo por la Puerta de San Vicente, cubrieron la zona prestando especial atención al palacio donde se alojaba Murat y al palacio real llegando hasta la Cuesta de Santo Domingo. Del convento de San Bernardino salieron otros seis mil hombres que se sumaron a un contingente numérico similar procedente de los cuarteles de la ciudad. Madrid quedó así ocupado por no menos de treinta mil soldados franceses, bien equipados y sujetos a un mando experimentado.

Frente a la puesta en funcionamiento del dispositivo militar de los invasores, los militares españoles, con la excepción señalada, se encerraron en los cuarteles obedeciendo órdenes, pero el pueblo llano reaccionó de una manera muy diferente. En la Puerta de Toledo, unos paisanos, en su mayoría mujeres, intentaron frenar a los soldados que venían de los Carabancheles. En las cercanías de la parroquia de Santiago y San Juan, los operarios de la obra se lanzaron sobre unos soldados polacos que formaban parte de la fuerza represiva de Murat. Miguel Castañeda y Antelo, uno de los obreros, echó mano de la navaja que llevaba consigo y fue matando franceses hasta llegar a la parroquia del Salvador, esquina a la calle de Luzón, donde lo abatieron de un tiro en el vientre. También los presos comunes de la cárcel de Casa y Corte reaccionaron ante los invasores y solicitaron incorporarse a la sublevación. Efectivamente, fueron puestos en libertad tras prometer que regresarían a la cárcel al día siguiente. Armados con agujas, barras de hierro y palos, se dirigieron hacia la Plaza Mayor, donde cargaron sobre un destacamento francés y le arrebataron un cañón colocado frente al arco de la calle de Toledo. Antes de verse obligados a retirarse, resistieron tres cargas de un escuadrón ligero. La retirada por falta de armas y las respuestas espontáneas se convirtieron en una constante durante las horas siguientes. Uno de los casos más notables fue el de los asturianos Antonio Meléndez Álvarez, albañil; Francisco Fernández, criado del conde de la Puebla del Maestre, y Juan González, ayuda de cámara del marqués de Villescas, que, sumados al gallego Domingo Braña y Balbín, vieron a los mamelucos de la guardia imperial avanzar por el convento de las Vallecas arrollando a los paisanos que acudían a refugiarse en la iglesia y las galerías del Buen Suceso. Decididos a cerrar el paso a los jinetes napoleónicos, al cabo de unos instantes, el grupo había aumentado hasta reunir a una veintena de paisanos que se enfrentaron con las terribles tropas invasoras. Fue así recibiendo los terribles embates de los mamelucos, a la vez que retrocedía hasta la Puerta del Sol sin descomponerse y permitiendo que las mujeres y los niños pudieran hallar refugio. Se trató de episodios de resistencia aislada y encarnizada que se repitieron en calles como las de la Bola —con cuatro chisperos— la de la Ternera —un calesero aragonés— la de la Luna, la de Jacometrezo o la Red de San Luis. En todos los casos, echando mano de un trabuco o de armas blancas, los españoles acometieron y detuvieron a unas sorprendidas columnas francesas, que reunían lo más granado del ejército de Napoleón, ocasionándoles inesperadas bajas. Fue así como los escuadrones de la guardia imperial y los mamelucos avanzaron hacia la Puerta del Sol.

Antes de llegar al popular enclave madrileño, los franceses comenzaron a sufrir bajas a pesar de que frente a ellos sólo había civiles mal armados. Goya, que, según algunas fuentes, contempló el combate desde una ventana, dejaría reflejado el intento de los españoles de herir a los caballos para provocar la caída de los mamelucos y así poder darles muerte con más facilidad. La carga de los mamelucos fue, desde luego, terrible. Cimitarra en mano, en unos minutos, abrieron paso a los cazadores de la guardia y a la división de dragones. Sin embargo, los españoles continuaron combatiendo mientras intentaban retirarse hacia las calles que desembocaban en la Puerta del Sol. Por desgracia para ellos, allí los estaban esperando los hombres enviados por Murat. El choque fue feroz y cuando se extinguió la resistencia, los muertos españoles superaban holgadamente el millar.

No resulta difícil ver que la rebelión contra los invasores no había partido ni de la aristocracia ni del Ejército.

La primera no estaba menos erosionada en su fibra moral que la Corona y, como acabaría quedando de manifiesto en breve, se hallaba dispuesta a amoldarse incluso a un cambio de dinastía para preservar sus intereses. Por lo que se refiere al segundo, como ha sido regla general en la historia de España, no tenía la menor intención de enfrentarse con sus mandos naturales por más que la situación resultara intolerable. Aquella mañana del 2 de mayo en Madrid, no se produjeron cambios en esa regla histórica general. Sólo un pequeño grupo de militares defendió el honor de las fuerzas armadas y así contribuyó a salvar también el de la nación. Su lucha contra el invasor se centró en el parque de artillería de Monteleón.

El citado parque carecía de medios para ofrecer resistencia salvo las tapias que lo separaban de las calles de San Miguel, San José y San Bernardo, estando adosado por el otro lado al convento de las Salesas Nuevas. Convenientemente avisados por las autoridades militares españolas, los franceses habían ocupado el parque y el 2 de mayo se hallaba en su interior una compañía de artillería francesa con setenta y cinco soldados. Si no actuaron contra la población se debió a los capitanes Daoíz y Velarde que, tras personarse en el parque, procedieron a detenerlos. Acto seguido, y ante las peticiones de ciudadanos que se iban acercando al lugar, Daoíz procedió a entregarles armas para combatir a los franceses. De manera bien significativa, muchos de los paisanos prefirieron hacerse con bayonetas porque no sabían cómo utilizar las armas de fuego. Pertrechados ya en mayor o menor medida, se marcharon a la busca de franceses con los que combatir por las calles.

Velarde, con bastante esfuerzo y ayudado por algunos cabecillas de la sublevación, consiguió retener a bastante gente. Procedió entonces a situarlos en algunos de los balcones de los pisos superiores del parque y en los edificios particulares de la calle de San José. Igualmente dispuso en las aceras a algunas fuerzas que, protegidas por las puertas, tenían la misión de servir como avanzadas y de protección para las maniobras de los cañones. Por último, dividió en dos secciones a los Voluntarios del Estado. Una de ellas debía encargarse de defender la parte del edificio que daba a la Ronda y la otra, las ventanas que observaban la calle de San José. Por lo que se refiere a Daoíz, ordenó sacar, limpiar, cargar y situar tres cañones de a ocho en el patio; y cuatro en las tres bocacalles, manteniendo dos de reserva a la entrada principal del parque.

El primer encuentro entre los franceses y los defensores del parque puso de manifiesto hasta qué punto existía confusión y, sobre todo, hasta qué grado de acomodamiento a los invasores habían descendido las autoridades españolas. Así, una pequeña sección francesa llegó hasta el parque solicitando que se le brindara refugio. El episodio tenía lógica porque, tras lo sucedido en las semanas anteriores, cabía esperar que en una dependencia del ejército español pudieran refugiarse tropas francesas. Sin embargo, Goicoechea ordenó que se disparara sobre los franceses obligándolos a huir tras ocasionarles un par de bajas. Fue entonces cuando los paisanos que Velarde había situado en los balcones de la calle de San José alertaron de la cercanía de tropas enemigas. Se trataba del batallón de Westfalia que venía por la calle de Fuencarral. Entonces, a una descarga de fusilería lanzada desde las casas y los balcones, le siguieron tres disparos de cañón ordenados por Daoíz. La respuesta artillera tuvo el efecto de provocar una fuga desordenada de los franceses dejando en pos de sí algunas bajas. Tal situación de desconcierto transmitían en su huida que hubo que dar órdenes a los paisanos para que no salieran en su persecución.

En medio de la euforia por aquel primer choque favorable, llegó por la calle de San Pedro Nueva un grupo de españoles que estaba mandado por un cerrajero llamado Molina y que había empezado a formarse al principio del día en las cercanías de palacio. Los recién llegados se sumaron a los artilleros del parque y los ayudaron a emplazar las piezas que vigilaban las calles de Fuencarral, Ancha de San Bernardo y San Pedro. Igualmente no tardaron en aparecer por la de San Bernardo nuevas tropas francesas. Su intención era desgastar los escasos efectivos españoles, a la vez que, en determinados puntos estratégicos, se concentraban nuevos contingentes a la espera de lanzar un ataque simultáneo en el momento oportuno. El enfrentamiento se prolongó así a lo largo de una hora, mientras Murat era informado de la llegada de refuerzos que le permitieran sofocar la resistencia. Ésta resultó, desde luego, encarnizada e incluyó en sus filas a algunas mujeres cuyos nombres quedarían en el recuerdo colectivo. Fue el caso de Clara del Rey y Calvo o de Manuela Malasaña y Oñoro. Sin embargo, aquella tenaz resistencia popular no pudo impedir el despliegue de fuerzas enemigas ni el asalto al parque.

Durante tres cuartos de hora, las tropas francesas, partiendo de varios puntos, se lanzaron sobre el parque con la intención de tomarlo. Una vez tras otra resultaron rechazadas, por lo que Murat decidió entonces concentrar todos sus efectivos en un solo punto para perforar la resistencia del parque. Fue entonces cuando se produjo un episodio que demuestra la actitud de las autoridades españolas en aquellas horas. Cuando las tropas francesas avanzaban a paso redoblado y en orden de columna cerrada con el coronel conde de Montholon a la cabeza, apareció por la calle de San Pedro Nueva el capitán de voluntarios de Estado, Melchor Álvarez. Llevaba pañuelo blanco atado a la espada en señal de que deseaba parlamentar. Daoíz dio orden de interrumpir el fuego y Velarde se dirigió hacia las tropas francesas para señalar que si no se detenían volverían a disparar sobre ellas desde el parque. Álvarez indicó a Daoíz que venía de parte del Gobierno «para hacerle sentir la indignación con que había sabido la locura con que estaba precipitando al pueblo y exponiéndolo a las consecuencias más desastrosas». De manera bien reveladora, para las autoridades españolas Napoleón era un aliado y Daoíz y Velarde, rebeldes alzados contra la autoridad.

Las palabras de Álvarez causaron una ira comprensible en los defensores del parque que se estaban jugando la vida contra el invasor. Uno de ellos gritó «¡Viva Fernando VII!» a la vez que propinaba un golpe en la espalda a uno de los oficiales de Montholon derribándolo. Al momento, un artillero dio fuego a una pieza sin recibir orden al respecto y, posiblemente, llevado sólo por la indignación provocada por aquella cesión de un oficial español ante los franceses. El gesto, totalmente inesperado, desencadenó la tragedia. El disparo causó estragos entre los franceses que se dieron a la desbandada en la retaguardia y en la vanguardia, arrojaron las armas rindiéndose.

Daoíz se comportó caballerosamente con los oficiales que habían caído prisioneros y con los hombres a sus órdenes, pero Murat consideró aquel hecho un acto de traición ya que los españoles habían violado el alto el fuego. Enfurecido, ordenó al general Lagrange, su ayudante, que acabara con la resistencia española señalándole que el único parte que deseaba recibir de él era el que se había «conseguido el exterminio de los insurrectos».

La situación era dramática para los ochenta defensores del parque —unos sesenta de ellos paisanos— que tenían ahora que custodiar no sólo a los doscientos prisioneros franceses sino además enfrentarse con cerca de dos mil que Lagrange y Lefranc lanzaron sobre el enclave. Sin embargo, los invasores tres veces asaltaron el parque y tres veces tuvieron que retirarse, aunque en la última ocasión el cañón tuvo que ser cargado con piedras de chispa porque ya no quedaba munición. Ni siquiera los invencibles granaderos de la guardia imperial —que, por dos veces, llegaron a una docena de pasos del parque— consiguieron doblegar la resistencia enconada de los españoles.

Con Daoíz herido, a esas alturas, tan sólo seguían combatiendo, angustiosamente escasos de municiones, unos treinta españoles. El resto yacía muerto o herido. Vestido de uniforme, apareció entonces el marqués de San Simón, capitán general del ejército español. Logró éste que cesara el fuego aunque todavía se intercambiaron algunos disparos entre los que se encontró uno que hirió al capitán Velarde que había salido en busca de refuerzos. Ante San Simón, los generales Lagrange y Lefranc, seguidos de sus edecanes y de algunos granaderos, declararon prisioneros a los españoles y afirmaron su posesión del parque por derecho de conquista a la vez que se acercaban al lugar donde Daoíz se apoyaba en el cañón.

El orgullo de los franceses había quedado herido en aquella lucha y Lagrange aprovechó la situación para acercarse a Daoíz e insultarlo. Algunas fuentes dicen que incluso llegó a tocar con su espada el sombrero del capitán. Daoíz no estaba dispuesto a tolerar los insultos y atravesó con su espada al francés. Lagrange, herido, apeló entonces al socorro de los granaderos. Daoíz se defendió bravamente de los primeros franceses, pero, finalmente, un soldado enemigo le clavó por la espalda una bayoneta y lo derribó mortalmente herido. En paralelo, los invasores, despreciando las leyes de guerra, habían comenzado una carnicería entre los defensores del parque. Así, Pedro Velarde fue asesinado por un oficial francés de un pistoletazo por la espalda mientras que aquellos de sus hombres que se encontraban heridos eran pasados a cuchillo. Algunos de los españoles intentaron escapar de la muerte saltando las tapias de la parte más honda del parque. Se trataba ahora de huir de un enemigo que no estaba dispuesto a dar cuartel. Los combates del 2 de mayo habían concluido y comenzaba la terrible represión francesa, una serie de fusilamientos indiscriminados que quedaron inmortalizados trágicamente por los pinceles del genial Goya.

Tuvo lugar entonces un episodio que volvió a dejar de manifiesto hasta qué punto la resistencia se había limitado a las clases populares. Las autoridades españolas no contentas con su sumisión frente a Napoleón solicitaron el 3 de mayo —el día en que corría a raudales la sangre española en los paredones improvisados por los franceses— a Murat que aceptara la presidencia del Consejo, lo que el francés hizo. Acto seguido, comenzaron a difundir una versión oficial que negaba el carácter de resistentes y patriotas a Daoíz, Velarde y el resto de defensores del parque de Monteleón.

De manera no menos significativa, se comportó la Iglesia católica. Ya resultó significativo que ningún sacerdote se sumara al alzamiento del Dos de Mayo, pero es que, por añadidura, mientras la Inquisición condenaba expresamente a los que se alzaran en armas contra los franceses, algunos obispos, como el de Granada, procedían a su excomunión.

El Antiguo Régimen —monarquía, aristocracia, Ejército e Iglesia católica— en bloque había decidido capitular ante los invasores y encontrar el mejor acomodo posible en el seno de la nueva situación. Sólo la reacción popular y, de manera muy especial, la constatación de lo que iba a ser el Gobierno francés —en el caso de la Iglesia católica al asistir a las profanaciones cometidas por los soldados de Napoleón en Córdoba— llevarían a esas instancias a cambiar su actitud porque lo cierto es que el Dos de Mayo no fue la respuesta de toda la nación contra el invasor sino sólo la del pueblo llano y algunos militares patriotas.

IX

MARIANA PINEDA FUE UNA HEROÍNA DE LA LIBERTAD

La historia, ciertamente dramática, de Mariana Pineda ha estado plagada de mitos y falacias desde fechas muy tempranas. No sólo se ha presentado a la bella andaluza repetidas veces como una heroína de la libertad sino que además se ha afirmado que murió por coser una bandera que habría sido la republicana o incluso la andaluza. La realidad histórica es mucho más prosaica.

La vida trágica de Mariana Rafaela Gila Judas Tadea Francisca de Paula Benita Bernarda Cecilia de Pineda Muñoz, más conocida como Mariana Pineda, derivó de dos circunstancias muy concretas: la época que le tocó vivir y su belleza personal. Comencemos por la primera. En 1814, al concluir la Guerra de la Independencia, Fernando VII regresó a España envuelto en el sobrenombre de el Deseado. Las poblaciones lo recibían con entusiasmo e incluso fue común que el pueblo desunciera los caballos de su carroza y se pusiera a tirar de ella en muestra de adhesión y entrega. Aunque en 1812, las Cortes de Cádiz habían promulgado una constitución de carácter liberal, lo cierto es que el monarca no tenía la menor intención de acatarla y cuando se le entregó el denominado Manifiesto de los persas en el que se le suplicaba que reinstaurara el Antiguo Régimen lo hizo con sumo placer. Se iniciaba así un intento desesperado —y condenado al fracaso— por retrasar el reloj de la Historia. La situación se prolongó hasta que el liberal Riego se pronunció a inicios de 1820 en Cabezas de San Juan obligando al rey a jurar el 9 de marzo del mismo año la detestada por él Constitución de 1812.

Se inició así una etapa de Gobierno liberal en la que a la amargura que le ocasionaba la Constitución sumó Fernando VII la derivada de no tener descendencia por más que María Josefa, su regia esposa, recurriera a las reliquias, las rogativas e incluso a la hidroterapia en los balnearios de Sacedón y de Solán de Cabras.

El 7 de julio de 1822, la Guardia Real se sublevó con la intención de ayudar al rey a derogar la Constitución liberal de 1812 y de regresar a la monarquía absoluta. La intentona absolutista fracasó, pero a partir de entonces se creó un estado de opinión que consideraba que el monarca no era sino un prisionero de los liberales. La convicción —no del todo exenta de base— era tan fuerte que en la Seo de Urgel llegó a crearse una regencia suprema de España para atender los asuntos durante la considerada cautividad de Fernando VII. También en el exterior, los vientos soplaban en contra de los liberales que, dicho sea de paso, estaban gobernando de manera asaz incompetente. Temiendo que se produjera una invasión extranjera de carácter absolutista, las cortes se trasladaron a Sevilla obligando al rey y a su Gobierno a acompañarlas. Pero no por ello se impidió la intervención.

El 7 de abril de 1823, entró en España un ejército al mando del duque de Angulema cuyo objetivo era restaurar el ejercicio completo de la monarquía absoluta en manos de Fernando VII. Los Cien mil hijos de San Luis, que es como llegó a ser conocido este cuerpo expedicionario, no encontraron prácticamente resistencia de manera bien distinta a lo que había sucedido con sus compatriotas en 1808. Que así fuera resulta lógico porque, a fin de cuentas, si los primeros eran enemigos jurados de la independencia nacional, de la Iglesia católica y de la monarquía de Fernando VII, éstos eran los más claros defensores de las dos últimas. Restaurado en sus plenos poderes el monarca, la represión desencadenada contra los liberales fue encarnizada llegando hasta el punto de procederse al ajusticiamiento de Riego.

Poco iba, sin embargo, a durar la alegría para Fernando VII. El 8 de diciembre de 1824, en la batalla de Ayacucho se consumó el proceso de independencia de la América hispana continental. Del imperio de ultramar tan sólo quedaban Cuba, Santo Domingo, Puerto Rico y las Filipinas.

Precisamente en estos momentos —y no años después como se repite a menudo— es cuando surgió el partido carlista o apostólico que se agrupó en torno al infante Carlos María Isidro. Para sus miembros, Fernando VII estaba evolucionando de manera peligrosa hacia el liberalismo y, por lo tanto, resultaba imperativo destronarlo y sustituirlo por su hermano. La situación llegó a ser tan amenazante en algunas partes de España como Cataluña que, el 22 de septiembre de 1827, el rey tuvo que dirigirse hacia esta región para sofocar los conatos carlistas.

El 18 de mayo de 1829, falleció la reina sin haber dado hijos al rey. Ante Fernando VII, ya de cuarenta y cuatro años, quedaba la tarea de lograr descendencia siquiera para evitar que su hermano Carlos, del que cada vez se hallaba más distanciado, se sentara en el trono de España. En ese marco iba a transcurrir precisamente la vida de Mariana Pineda.

Nacida el 1 de septiembre de 1804 en el barrio Parroquial de Santa Ana, en Granada, Mariana era hija natural de D. Mariano de Pineda, miembro de una familia granadina de abolengo y de Mª Dolores Muñoz, que, por el contrario, pertenecía a una familia humilde de Lucena, Córdoba. Es probable que la diferente condición social de los padres impidiera el matrimonio como también es posible que ésa fuera la excusa proferida por el padre para no contraerlo.

La separación de su madre y la muerte prematura del padre tiñó de dramatismo los primeros años de Mariana que pasó por los domicilios de distintos familiares hasta ser entregada en tutoría a un matrimonio sin hijos que se hallaba al servicio de los Pineda. La solución, que hoy nos produciría horror, era a la sazón relativamente común e incluso se podría considerar delicadamente humanitaria.

Mariana se educó durante aquellos años en el Colegio de Niñas Nobles y todo hace pensar que como tantas mujeres antes y después de ella contempló el matrimonio como una vía de escape de la familia, huida que ésta tampoco debió de ver con malos ojos. Así, a los quince años, Mariana Pineda, una belleza rubia de la época, contraía matrimonio con Manuel Peralta y Valte, un militar que simpatizaba con las ideas liberales. El enlace duró poco ya que en 1822, en pleno trienio liberal, Mariana enviudó quedando a cargo de dos hijos pequeños.

La atractiva viuda no tardó en convertirse en objeto de deseo de varones de cierta relevancia. De Mariana se enamoró el marqués de Salamanca y con ella mantuvo relaciones Manuel Peña y Aguayo, que años después llegaría a ser ministro de Hacienda del reinado de Isabel II. Por cierto, de esa relación nació una hija que el padre sólo reconoció en su testamento. Aunque se ha insistido en el carácter progresista de Mariana durante esa época, lo cierto es que en las fuentes sólo encontramos a una mujer consciente de que gustaba a los hombres y a la que éstos no trataron demasiado bien. Desde luego, no deja de ser revelador que los datos que se suelen aportar para referirse a su apoyo a la causa liberal estén referidos a familiares y no a militantes en un sentido general. Así, durante la denominada Década ominosa (1823-1833), visitó en la cárcel a un primo y a un tío y ayudó a la fuga de Fernando Álvarez de Sotomayor... por cierto, primo suyo. Más allá de amoríos y de ayudas esporádicas a parientes liberales no parece que transcurriera la vida política de Mariana durante esta época y entonces, a partir de 1831, la desgracia se cebó sobre ella.

A inicios del citado año, la causa liberal no atravesaba por su mejor momento y a mediados del mes de marzo, el subdelegado principal de la policía y alcalde de Casa y Corte, Ramón Pedrosa, conoció gracias a una denuncia la existencia de una bandera que, supuestamente, se iba a utilizar como pabellón en un proyectado alzamiento de los liberales granadinos. Pedrosa manifestó una notable diligencia al saber que la bandera en cuestión estaba relacionada con Mariana Pineda, pero sus motivaciones no están del todo claras y quizá no se pueda descartar que pretendiera valerse de la situación para obtener los favores de la hermosa granadina.

La manera en que se descubrió la prueba incriminatoria no deja de ser reveladora. En una de las reuniones celebradas por los liberales en Gibraltar se decidió encomendar a Mariana la tarea de coser y tejer la bandera en cuestión. Sin embargo, Mariana, a fin de cuentas dedicada desde muy joven a otros menesteres, no sabía bordar, de manera que encargó el cometido a las bordadoras del Albayzín. La decisión fue, como mínimo, imprudente si es que no deseamos calificarla incluso de frívola. Para desgracia de Mariana, una de las bordadoras mantenía relaciones con un clérigo liberal —al parecer, no sólo en un sentido político sino también moral— y cuando éste contempló el bordado, víctima de su propia devoción partidista advirtió a su padre, el doctor Julián Herrera, para que moderase sus ardores absolutistas ya que la revolución era inminente. El secreto, ciertamente muy mal guardado, había sido descubierto.

Pedrosa, que no deseaba dejar nada al azar, obligó a las bordadoras a llevar la bandera a medio terminar a la casa de Mariana Pineda en la calle Águila donde fue oportunamente descubierta por la policía. De manera bien significativa, la bandera —en contra de lo que se afirma tan a menudo— ni era republicana ni mucho menos la andaluza. Se trataba de una bandera de dos metros por uno aproximadamente hecha de tafetán morado, en la que había cosido un triángulo verde, los dos colores del Oriente masónico y en la que se había bordado en hilo rojo el lema liberal «Igualdad, libertad y ley». Con aquella prueba, Mariana Pineda fue arrestada, acusada de conspiración o insurrecta, e inmediatamente encarcelada.

Es posible que Mariana hubiera podido salvarse si hubiera estado dispuesta a entregar a su amante —que no hizo nada a su vez por salvarla— o, quizás, a ser complaciente con Pedrosa. No cedió ante la primera eventualidad y si la segunda existió tampoco se inclinó ante ésa. Cuando se propuso la pena capital como castigo, Fernando VII estimó la propuesta «justa y arreglada a la ley» y firmó la sentencia de muerte, que se llevaría a cabo en la forma ordinaria de garrote vil el 26 de mayo de 1831. Coqueta hasta el final, Mariana Pineda se negó a desprenderse de las ligas en el momento de la ejecución señalando de manera rotunda: «Jamás consentiré en ir al patíbulo con las medias caídas.»

El Romanticismo y autores posteriores como García Lorca convertirían a la desdichada mujer en icono del liberalismo e incluso de la causa republicana o —disparate mayúsculo— del andalucismo. Lo cierto era que Mariana Pineda había sido ejecutada no como heroína de la libertad sino como víctima de un cruce de circunstancias dramáticas e incluso viles: el deseo de proporcionar un escarmiento público procedente de un monarca absolutista y la cobardía de un amante al que, sin embargo, ella permaneció leal.

X

ISABEL II FUE UNA REINA ILEGÍTIMA

La formación de un Estado moderno en la España del s. XIX chocó con dos obstáculos fundamentales. El primero fue el deseo de Fernando VII de dar marcha atrás al reloj de la Historia tras la Guerra de la Independencia regresando al Antiguo Régimen; el segundo fue la acción del carlismo que pretendió mantener una visión absolutista y foralista totalmente anacrónica y que para ello se basó en afirmar la ilegitimidad como reina de Isabel II. Si en el caso de Fernando VII, asistimos a un intento condenado al fracaso; en el del carlismo se sumaban además la ilegalidad y la mentira.

Como señalamos en el capítulo anterior, al producirse la muerte de la reina María Josefa, Fernando VII seguía sin tener sucesores. De haber fallecido sin descendencia, el rey hubiera preferido con mucho que le sucediera su hermano pequeño Francisco de Paula. Era cierto que tenía simpatías liberales y además había sido iniciado en la masonería, pero le parecía con mucho preferible a Carlos, absolutista y clerical. Sin embargo, no estaba en su mano alterar el orden sucesorio y, por lo tanto, la única manera de intentar influir en la sucesión residía en el hecho de engendrar herederos varones que lo sobrevivieran. Se imponía, por lo tanto, un nuevo matrimonio.

Los absolutistas eran partidarios de una princesa alemana que, supuestamente, mantendría al rey en lo que consideraban el buen camino. Sin embargo, Fernando VII no deseaba bajo ningún concepto repetir la experiencia que había tenido con María Josefa y la leyenda afirma que al escuchar la sugerencia dijo: «¡No más rosarios ni versitos, coño!» En ese momento, fue la esposa de Francisco de Paula, Luisa Carlota, la que le sugirió que contrajera matrimonio con su hermana, la princesa María

Cristina de Borbón, que había nacido el 27 de abril de 1806. La visión de un retrato de la joven fue la que, al fin y a la postre, decidió al rey a pedir su mano. Así, el 24 de septiembre de 1829, a los cuatro meses de enviudar el monarca, se anunció oficialmente que había pedido la mano de la princesa napolitana. La boda se celebraría el 11 de diciembre de 1829 en Aranjuez.

La influencia de la reina no tardó en hacerse notar. Fernando VII abandonó sus aventuras galantes deseoso de complacer en el lecho a su nueva esposa y permitió que la recién llegada cambiara su carácter de natural áspero. En poco tiempo, la reina consiguió que indultara a numerosos liberales e incluso que le prometiera que otorgaría una amnistía en caso de que tuvieran hijos.

Que la influencia de María Cristina sobre Fernando VII fue positiva admite hoy poca discusión. No obstante, en su época fue muy mal vista por ciertos sectores de la corte. Se mirara como se mirase, sus acciones abrían la puerta a los liberales y, sobre todo, alejaban del poder real al infante don Carlos y a su esposa que llevaban ansiándolo desde hacía años. Cuando en marzo de 1830 se anunció que la reina estaba encinta, la ansiedad hizo presa de los absolutistas.

De acuerdo con la legislación vigente, el rey no sólo debía tener descendencia sino que además ésta debía ser del sexo masculino. La razón estaba en el cambio de las leyes sucesorias que se había producido al llegar a España los Borbones, una dinastía, como ya vimos, de origen francés. Si hasta entonces las reinas habían podido acceder a la Corona en el caso de no haber heredero varón —una situación que permitió sentarse en el trono a Isabel la Católica y a su hija Juana— a partir de Felipe V semejante posibilidad les quedó vedada. Efectivamente, en

1713, el primero de los Borbones españoles promulgó el Acta Real que implantaba en España una ley sálica, una norma que no sólo chocaba con la tradición legal española sino que además, y es fácil comprender el porqué, implicaba un semillero de problemas sucesorios. Esa circunstancia explica que se hubiera pretendido su derogación en los años anteriores.

En 1789, reinando todavía Carlos IV, el Acta Real de Felipe V ya había sido abolida por una pragmática sanción presentada ante las Cortes. Sin embargo, por razones de conveniencia política, el texto legal no había sido publicado y, por lo tanto, carecía de vigencia al faltarle ese requisito. Ahora, Fernando VII, al que no se le escapaba la posibilidad de que su próximo vástago fuera una hembra, aceptó —con el apoyo de su esposa, de su hermano menor Francisco de Paula y de su cuñada Luisa Carlota— promulgar con el debido requisito de publicidad la pragmática sanción de Carlos IV.

En puridad, la medida adoptada por Fernando VII era excelente no sólo porque, al menos en apariencia, garantizaba que no existiera vacío sucesorio sino también porque, de esa manera, se restablecía el orden sucesorio tradicional perfilado, por ejemplo, en las partidas. Sin embargo, como no resulta difícil comprender, ni el infante Carlos María Isidro ni su círculo —verdadera corte de intrigantes— contemplaron con buenos ojos aquel paso.

El 10 de octubre de 1830, la reina dio a luz y, precisamente, el recién nacido fue una niña a la que se impuso el nombre de Isabel. A pesar del cambio legal, la noticia causó una enorme satisfacción en los medios carlistas porque no tenían inconveniente en ir a una guerra civil para coronar a don Carlos y un no menos considerable pesar en los liberales porque se percataban de que los absolutistas no aceptarían la legalidad con tal de hacer triunfar sus ambiciones.

María Francisca, cuñada del rey y esposa del infante Carlos iba a tener un papel de extraordinaria relevancia en el conflicto. Respaldada por un grupo de intrigantes absolutistas entre los que se daban cita no pocos clérigos católicos, María Francisca se fijó como objetivo derogar la pragmática sanción y allanar el camino de su marido hacia el trono lo que, de paso, la convertiría en reina.

El 30 de enero de 1832, la reina dio a luz por segunda vez. De nuevo, se trató de una niña a la que puso por nombre Luisa Fernanda. Su nacimiento —no podía ser de otra manera— fortaleció las esperanzas carlistas de que su candidato sucediera a Fernando VII. Sin embargo, el gran avance para esas posiciones absolutistas tuvo lugar el 14 de septiembre de aquel mismo año. En la citada fecha, el rey sufrió un ataque de gota que puso en peligro su vida. Dada la legalidad vigente, resultaba obvio que la heredera legítima era la infanta Isabel, pero para evitar el choque con don Carlos se le ofreció a éste hacerse cargo de la regencia. El infante, nada dispuesto a renunciar a sus sueños de años, no sólo rechazó la propuesta sino que además acusó a sus adversarios de querer la guerra civil porque se obstinaban en «sostener una causa injusta». Dijeran lo que dijeran el infante y sus partidarios —totalmente dispuestos a derramar la sangre de hermanos para coronar sus ambiciones— lo cierto es que la ley y el derecho estaban con la infanta.

De temperamento muy distinto se manifestó la reina María Cristina. Comprendiendo que todo iba a concluir en un baño de sangre, dio muestra de su grandeza de espíritu al afirmar «Pues bien, que España sea feliz, aunque mi hija no reine» y rogar a su marido que revocara la pragmática. No estaba muy dispuesto a ello Fernando VII, pero María Cristina consideraba preferible marchar al exilio con sus hijas que asistir a un conflicto armado que desgarrara la nación. Finalmente, el 18 de septiembre de 1832, el rey estampó su firma en un codicilo, formalmente un decreto, que anulaba la pragmática. La única condición impuesta por el monarca fue que el documento quedara oculto hasta su muerte, trance que, a la sazón, no parecía que pudiera retrasarse mucho.

Ese mismo día, el rey quedó inconsciente y sus propios ministros, pensando que el fallecimiento sería inminente, decidieron revelar lo que, por voluntad regia, debía haberse mantenido oculto. Así, extendieron certificaciones de la acción del rey y las enviaron al Consejo, mientras comenzaba un trasiego de cortesanos a los aposentos de don Carlos para reconocerlo como rey. Que el infante lo aceptara cuando su hermano Fernando estaba aún vivo dice mucho acerca de la catadura moral del personaje.

Como era de esperar, no todos perdieron la cabeza de esa manera. Por ejemplo, el secretario de la guerra, marqués de Zambrano, se negó en redondo a iniciar los trámites de la derogación mientras no resultara oficial la muerte del monarca. Y entonces se produjo un evento inesperado. Fernando VII no sólo recuperó el conocimiento sino que además comenzó a mejorar de salud mientras los cortesanos abandonaban a don Carlos y corrían a felicitar a la reina María Cristina, que optó por olvidar lo sucedido.

En medio de aquel ejercicio de vileza, el marqués de Zambrano había avisado al infante Francisco de Paula y a su esposa Luisa Carlota, a la sazón en Andalucía, de lo que estaba sucediendo. El día 22 de septiembre, de madrugada, ambos llegaron a La Granja. Inmediatamente,

Luisa Carlota mandó llamar al ministro Calomarde —curioso absolutista que sentía un especial interés por la educación y la tauromaquia— y le ordenó que le mostrara el codicilo firmado por Fernando VII. Así lo hizo Calomarde y entonces la infanta lo desgarró arrojando los pedazos al fuego de la chimenea. Cuando el ministro intentó salvar el documento, Luisa Carlota, sin titubeo alguno, le propinó un sonoro bofetón que le impidió llevar a cabo sus propósitos. Calomarde estuvo, justo es reconocerlo, a la altura de las circunstancias y mientras veía convertirse en humo y cenizas el documento, se limitó a decir a la infanta: «Señora, manos blancas no ofenden...» Ofendieran o no, lo cierto es que habían impedido que se consumara un verdadero atropello.

Recuperado el rey, adoptó medidas contra aquellos que habían intentado torcer su voluntad, primero, y aseguró la reforma de la ley sucesoria después. Si Calomarde se vio privado de sus cargos y desterrado a Olva de Aragón, desde donde, disfrazado de fraile, huyó a Francia; Luisa Carlota fue felicitada por el monarca por su decisión. Consciente además de que su mejora de salud podía no ser duradera, Fernando VII delegó en la reina amplios poderes. Sólo en ella —y en Francisco de Paula y su esposa— podía confiar el monarca para evitar que el orden institucional se viera asaltado, con la violencia incluso, por los partidarios de don Carlos.

El 31 de diciembre de 1832, Fernando VII anuló por decreto el codicilo del 18 de septiembre, un documento que ya no existía y acerca del que el mismo rey insistía que le había sido arrancado en contra de su voluntad y aprovechándose de su estado. El 4 de enero de 1833, el rey se encontraba tan mejorado que reasumió la plenitud de las prerrogativas regias aunque asociando a ellas a María

Cristina. A esas alturas, por lo tanto, la legalidad resultaba obvia y nadie de buena fe podía dudar de que la infanta Isabel era la heredera legítima de la Corona española. Cuestión aparte era que otro tipo de ambiciones —claramente personales— no estuvieran dispuestas a someterse a lo establecido por la ley.

Entre los que se preparaban para el día después a la muerte de Fernando VII se encontraban en lugar de privilegio su hermano Carlos y su esposa María Francisca de Braganza, así como el rey Miguel de Portugal. Éste había escrito a Fernando VII suplicándole que permitiera el viaje a Lisboa de su cuñado, el infante don Carlos, y de su hermana María Francisca de Braganza. La intención resultaba obvia. Si el rey español fallecía, su hermano Carlos estaría ausente de la jura de la infanta Isabel como reina y además contaría con una base de operaciones desde la que poder desencadenar la guerra civil. Fernando VII aceptó conceder el permiso a su hermano, pero a condición de que regresara a España en un plazo máximo de dos meses de tal manera que las intenciones que había concebido en conciliábulo con el rey portugués no pudieran llegar a buen puerto.

El 16 de marzo de 1833, Carlos María Isidro abandonó Madrid y el 4 de abril, Fernando VII publicó un decreto en virtud del cual se fijaba el 20 de junio como fecha para la jura de su primogénita como princesa de Asturias. Naturalmente, se envió una misiva al infante Carlos para que acudiera a rendir juramento de fidelidad, como obligaba de manera indiscutible la legislación vigente. La respuesta —poco podía sorprender— del hermano del rey consistió en negarse a acudir a la vez que enviaba un documento a Fernando VII en el que protestaba de la declaración de su sobrina como heredera de la Corona. La respuesta del rey fue tajante. Mediante una carta de fecha 30 de agosto, firmada no como Fernando sino como «Yo, el Rey», desterró a su hermano a los Estados pontificios, lugar, donde dicho sea de paso, podía seguir intrigando a placer. Fernando VII estaba actuando con mayor sentido de Estado que en ningún otro momento de su vida, pero a esas alturas, un parte médico indicaba que el soberano padecía «gota en los riñones, hernia vieja, algo de retención en la orina» y añadía «no puede andar y va en sillón». El 29 de septiembre de 1833, falleció unos días antes de cumplir los cuarenta y nueve años. Don Carlos y sus partidarios no tardaron en desencadenar una terrible guerra civil. Para derramar profusamente la sangre de otros españoles se basaban únicamente en una falacia, la de afirmar que Isabel no era una reina legítima.

XI

LOS HISPANOAMERICANOS ERAN FERVIENTES INDEPENDENTISTAS

Una de las falacias más repetidas durante los dos últimos siglos ha sido la de afirmar que todos los hispanoamericanos deseaban ardientemente conseguir la independencia de España. Nunca existió esa unanimidad y si, finalmente, se consumó el proceso independentista no se debió a un impulso espontáneo de los propios hispanoamericanos que eran fervientes independentistas. La realidad es que el movimiento de independencia de Hispanoamérica fue impulsado desde el extranjero, se apoyó fundamentalmente en sectores criollos de la población y se prolongó precisamente por la lealtad que miles de súbditos hispanoamericanos sentían hacia la Corona.

El proceso independentista de Hispanoamérica fue considerablemente prolongado. De hecho, se extendió a lo largo de década y media frente a los cinco años —de 1776 a 1781— que duró el de Estados Unidos. Lo más sorprendente es que esa duración triple del proceso se produjo a pesar de la enorme inferioridad de medios de los españoles, que acababan de sufrir una devastadora invasión francesa, invasión que había costado un millón de muertos y aniquilado de manera dramática los recursos nacionales. La razón de esa disparidad de situaciones arrancó, fundamentalmente, de unos hechos difíciles de discutir desde una perspectiva objetiva: que buena parte de la población se sentía identificada con el dominio español, que una proporción considerable del subcontinente habría deseado permanecer unida a España y que el proceso independentista arrancó esencialmente de la masonería como fuerza extranjera al servicio de Francia.

Es harto sabido que la leyenda rosada de la masonería insiste en presentar a esta sociedad secreta como una fuerza activa e idealista en la lucha contra el imperialismo. Esa afirmación políticamente correcta queda, sin embargo, desmentida de plano por el análisis histórico. Así, si en el caso británico no pocos servidores del imperio fueron masones y en el napoleónico la masonería constituyó un instrumento privilegiado de expansión del dominio de las armas francesas, en el del español no puede ocultarse que fue un enemigo encarnizado desempeñando un papel esencial en su destrucción. Las pruebas al respecto son irrefutables.

El inicio de la lucha independentista contra España tuvo lugar al amanecer del 16 de septiembre de 1810 en México. A la sazón, España se hallaba invadida por las tropas de Napoleón y, de manera bien reveladora, en más de un bienio no se había producido ningún intento independentista por parte de las poblaciones hispanoamericanas. El protagonista principal de este intento fue un masón llamado Miguel Hidalgo y Costilla Gallaga. La masonería, como en el caso de España, se había introducido en México tan sólo cuatro años antes cuando, por iniciativa de Enrique Muñí, se fundó una logia en la calle de las Ratas número 4 —hoy Bolívar 73— en el domicilio particular del regidor Manuel Cuevas Moreno de Monroy Guerrero y Luyando. Entre los que pertenecieron a ella desde el principio se hallaba Hidalgo. Al parecer, la vida de la logia fue breve. Un vecino denunció su existencia y se produjo una serie de detenciones. Sin embargo, la masonería no concluyó. De hecho, las logias constituían uno de los instrumentos más poderosos utilizados por Napoleón para impulsar su política de dominio mundial y en enero de 1809, un agente francés llamado Octaviano d'Alvimar estableció contacto con el hermano Hidalgo. Éste contaba con antecedentes cuando menos peculiares, pero que no lo convertían en alguien poco recomendable, sino, más bien, todo lo contrario.

Siendo sacerdote, en 1791, Hidalgo había sido acusado de herejía y, por añadidura, mantenía relaciones concubinarias con Manuela Ramos Pichardo, de las que habían nacido los niños Lino Mariano y Agustín. Ni que decir tiene que las prohibiciones pontificias sobre la masonería no parecían haberle causado gran problema de conciencia. El agente napoleónico le ofreció ayuda para atizar la subversión antiespañola e Hidalgo efectivamente se alzó en armas contra la España que se enfrentaba con el invasor francés. Hidalgo podía tener un carácter moralmente discutible, pero, desde luego, no era estúpido. A pesar de su afiliación masónica, situó la rebelión bajo el estandarte de Nuestra Señora de Guadalupe y, por añadidura, la causa de la independencia la vinculó con promesas de despojar a los ricos para dar a los pobres y de venganza contra los españoles. No era simple demagogia. De hecho, el cura Hidalgo procedió a asesinar a todos los criollos cuando tomó la ciudad de Guanajuato. Ese paso privó a Hidalgo del apoyo del segmento social que sería más adelante decisivo en la independencia de Hispanoamérica y explica su fracaso final. A pesar del respaldo de la masonería, tras medio año de lucha, Hidalgo fue capturado y fusilado.

La derrota de Hidalgo significó un claro revés para los planes de desestabilización del Imperio español en Hispanoamérica que, al menos desde 1809, había puesto en funcionamiento Napoleón. No constituyó, sin embargo, su final. De manera bien significativa, fue la masonería la encargada de iniciar una vez más el proceso independentista.

A pesar de ser menos conocido que Simón Bolívar, el personaje más relevante en el proceso de independencia hispanoamericana fue José de San Martín. Nacido, quizás, en 1778 en Yapeyú en el territorio del actual Uruguay, es posible que se educara en el seminario de nobles de Madrid aunque no aparece en los registros de alumnos. A edad muy temprana ingresó en el regimiento de Murcia, donde se inició su carrera militar. Lo más importante, sin embargo, a la hora de entender su carrera es su pertenencia a la masonería, un hecho que se ha intentado ocultar durante casi dos siglos en Argentina al ser un país mayoritariamente católico y eso a pesar de que el propio San Martín lo reconoció en varias de sus cartas y su trayectoria en la masonería está más que documentada. Así, por citar algunos ejemplos, es ampliamente conocida la misiva que en 1812 envió a Juan Martín de Pueyrredón, también masón, en la que San Martín utilizó la rúbrica masónica de los tres puntos. Igualmente se cuenta con el testimonio del yerno del Libertador, Mariano Balcarce, cuando a petición de Benjamín Vicuña Mackenna respondió: «Siguiendo fielmente las ideas de mi venerado señor padre político, que no quiso en vida se hablase de su vinculación con la masonería y demás sociedades secretas, considero debo abstenerme de hacer uso de los documentos que poseo al respecto.» De hecho, la visión de Dios que tenía San Martín no era la católica que hubiera cabido esperar —sí existen, por el contrario, textos de encendido anticlericalismo debidos a él— sino la del Creador, muy en armonía con la tradición masónica. También en consonancia con ésta dejó establecido su destino final: «Prohíbo que se me haga ningún género de funeral y desde el lugar en que falleciere se me conducirá directamente al cementerio, sin ningún acompañamiento, pero sí desearía que mi corazón fuera depositado en el de Buenos Aires.» En 1824, San Martín se retiró a Francia, cuya masonería había tenido tan importante papel en el proceso emancipador. Falleció el 17 de agosto de 1850 en una casa de Boulogne-sur-Mer, pero hasta tres décadas después sus restos no fueron trasladados a Buenos Aires. Debemos, sin embargo, regresar ahora a los inicios de la lucha por la independencia.

La salida de San Martín de España en 1811 —salida cuya finalidad era llegar a Hispanoamérica y allí desatar una revolución contra España— tuvo lugar con el respaldo de las autoridades francesas de ocupación y el respaldo de la masonería. El investigador José Pacífico Otero descubrió, por ejemplo, en el archivo militar de Segovia una autorización del 6 de septiembre de 1811 que permitía a San Martín dirigirse a Lima. El 14 de ese mismo mes, San Martín abandonó España acompañado de algunos amigos, todos ellos masones. Como ha puesto de manifiesto Enrique Gandía, partían todos ellos provistos de fondos franceses para desatar la subversión al otro lado del Atlántico. Sin embargo, San Martín recaló en Londres donde se reunió con miembros de otra logia masónica, la Gran Reunión americana, inspirada por el masón venezolano Francisco de Miranda —que ya en 1806 había intentado llevar a cabo una sublevación contra España— y en la que San Martín había sido iniciado hasta el quinto grado. Finalmente, a bordo de una fragata inglesa, la *George Canning*, los conspiradores masónicos llegaron al Río de la Plata en 1812. Debe reconocerse que la nacionalidad del buque ocultaba el origen francés de la empresa.

Para lograr el avance de los planes independentistas, San Martín, junto a Carlos María de Alvear y José Matías Zapiola, creó una organización que recibiría el nombre de logia Lautaro, denominación tomada de un indio mapuche que se había enfrentado en Chile a los españoles y que, finalmente, había sido derrotado y muerto por las tropas de Juan Jufré. El carácter masónico de la logia Lautaro ha sido negado por algunos autores como Ferrer Benimeli —¡que incluso ha afirmado que San Martín no fue masón!— a pesar de que resulta indiscutible y está profusamente documentado.

A decir verdad, las constituciones de la logia Lautaro son bien explícitas y constituyen la encarnación de uno de los sueños fundacionales de la masonería, el de provocar el cambio político a impulsos de una minoría iluminada destinada por añadidura a regir la nueva sociedad. El texto citado constituye, desde luego, la exposición de un auténtico plan para conseguir, primero, y monopolizar, después, el poder en la nueva sociedad americana nacida del movimiento emancipador. Esa circunstancia explica que como señala su constitución 5: «no podrá ser admitido ningún español ni extranjero, ni más eclesiástico que uno solo, aquel que se considere de más importancia por su influjo y relaciones» o —todavía más importante— que de acuerdo con la constitución 11, los hermanos de la logia adoptarán el compromiso de que «no podrá dar empleo alguno principal y de influjo en el Estado, ni en la capital, ni fuera de ella, sin acuerdo de la Logia, entendiéndose por tales los enviados interiores y exteriores, gobernadores de provincias, generales en jefe de los ejércitos, miembros de los tribunales de justicia superiores, primeros empleados eclesiásticos, jefes de los regimientos de línea y cuerpos de milicias y otros de esta clase».

Naturalmente, los componentes y fundadores de la logia Lautaro eran conscientes de que en una sociedad poscolonial donde desaparecería, siquiera en parte, la censura de prensa y donde existiría, al menos formalmente, un cierto peso de la opinión pública, el control sobre ésta resultaría esencial y así su constitución 13 indicaba: «Partiendo del principio de que la Logia, para consultar los primeros empleos, ha de pesar y estimar la opinión pública, los hermanos que estén próximos a ocuparlos deberán trabajar en adquirirla.»

Ese cuidado por la opinión pública debía incluir, por ejemplo, apoyar en toda ocasión a los hermanos de la logia, pero con discreción y así la constitución 14 disponía: «Será una de las primeras obligaciones de los hermanos, en virtud del objeto de la institución, auxiliarse y protegerse en cualquier conflicto de la vida civil y sostenerse la opinión de unos y otros; pero, cuando ésta se opusiera a la pública, deberán, por lo menos, observar silencio.»

Naturalmente, un plan de conquista del poder de esas dimensiones no podía admitir filtraciones y la Constitución general de la logia Lautaro incluía un conjunto de leyes penales de las que la segunda afirmaba: «Todo hermano que revele el secreto de la existencia de la logia ya sea por palabra o por señales será reo de muerte, por los medios que se halle conveniente.»

La logia fundada en 1812 en Buenos Aires logró todos y cada uno de sus objetivos. No sólo provocó y afianzó la independencia americana, sino que además derrocó al denominado segundo triunvirato argentino y colocó en su lugar a otro formado por miembros de la logia. En 1816, a pesar de diferencias internas, San Martín presidía la logia Lautaro —que contaba con sucursales en Mendoza, Santiago de Chile y Lima— y se preparaba para crear el Ejército de los Andes, una formidable máquina militar que debía expulsar a los españoles del continente y llegar a Perú. El caso de este territorio resulta bien significativo porque la población no deseaba independizarse de España —a pesar de todas las leyendas indigenistas— y fue necesaria una intervención exterior articulada por la masonería para lograrlo. Verdaderamente, todo un paradigma de lo sucedido en el resto del subcontinente. De hecho, el 26 de julio de 1822, San Martín se reunió con Simón Bolívar en Guayaquil para proceder a la planificación de lo que debía ser el futuro de la América hispana. Por supuesto, Simón Bolivar —como Bernardo O'Higgins, el emancipador de Chile, o el almirante William Brown, un irlandés que colaboró de manera posiblemente decisiva en la causa de la independencia, o Pedro I de Brasil— era masón.

En ese contexto, no puede sorprender que hubiera hispanoamericanos que no desearan la independencia y que, por el contrario, ansiaran mantener la relación con España. Ése fue, desde luego, el caso de los Llaneros venezolanos que, a las órdenes de Boves, combatieron a las tropas independentistas de Bolívar.

Boves era de origen español y había servido en la Real Armada y en la Marina mercante. Sin embargo, acusado de practicar el contrabando, se le condenó a ocho años de prisión que, finalmente, le fueron conmutados por el destierro en la villa de Calabozo. Tras cumplir su condena, se asentó en los Llanos venezolanos.

Cuando estalló la guerra de independencia de Venezuela en 1811, Boves se sumó a los defensores de la unión con España y, a finales de 1813, había logrado crear un ejército que derrotó a los independentistas en la Primera batalla de la Puerta. A inicios de 1814, Boves avanzó sobre Caracas provocando la fuga de los independentistas. A lo largo del oriente venezolano, Boves fue asestando una derrota tras otra a los independentistas hasta el punto de garantizar la victoria de los partidarios de la unión con España, partidarios, dicho sea de paso, que no eran españoles sino hispanoamericanos de extracción popular.

Boves murió el 5 de diciembre de 1814 en la batalla de Urica a causa de un lanzazo. Sin embargo, su muerte no impidió la victoria de los partidarios de la unión con España y la aniquilación de la denominada segunda república de Venezuela.

El caso de Boves no fue excepcional aunque sí uno de los más relevantes y, de hecho, los independentistas tuvieron que recurrir a una represión despiadada sobre los otros hispanoamericanos para imponerse. Buena prueba de ello son las acciones del coronel Manuel Gogorza Lechuga, comandante de las Tropas de Exterminio —revelador nombre— del ejército de Bolívar.

Guste o no reconocerlo, la independencia de Hispanoamérica fue, sustancialmente, un proceso impulsado por la masonería francesa para acabar con el Imperio colonial español al que contribuyeron algunos criollos masones que soñaban con un poder personal en la sociedad que se establecería caso de lograr romper los vínculos con España. No resulta por ello sorprendente que muchos americanos combatieran a favor de la unión con España —la totalidad de las fuerzas de Boves, sin ir más lejos—, que hubiera territorios sin ningún deseo de emanciparse (Perú) o que otros solicitaran con posterioridad el regreso a España (República Dominicana).

Quizá la nota más amarga de todo el proceso estuviera no en el enfrentamiento —verdadera guerra civil más que guerra contra España en buena parte del subcontinente— sino en los resultados. De la Hispanoamérica creada por la masonería no emergieron democracias consolidadas como la fundada al norte del río Grande sino regímenes corrompidos desprovistos de sociedades civiles fuertes. Al respecto, no deja de ser significativo que Simón Bolívar, el otro gran protagonista de la emancipación junto con San Martín, a pesar de su condición de masón, acabara sus días aborreciendo a las sociedades secretas. El 8 de noviembre de 1828, Bolívar promulgó incluso un decreto en el que se proscribían «todas las sociedades o confraternidades secretas, sea cual fuere la denominación de cada una». La razón para dar semejante paso no podía resultar más explícita en el texto legal señalado: «Habiendo acreditado la experiencia, tanto en Colombia como en otras naciones, que las sociedades secretas sirven especialmente para preparar los trastornos políticos, turbando la tranquilidad pública y el orden establecido, que ocultando ellas todas sus operaciones con el velo del misterio, hacen presumir fundamentalmente que no son buenas, ni útiles a la sociedad, y que por lo mismo excitan sospechas y alarman a todos aquellos que ignoran los objetos de que se ocupan...» Bolívar —no cabe duda alguna— sabía de lo que estaba hablando, pero no tardaría en pagar caro su tardío arrepentimiento. Poco después de la promulgación del citado texto legal, fue objeto de un atentado del que escapó a duras penas. Optó entonces por retirarse de la política. Todo el camino seguido por él sin darse cuenta cabal de cuáles serían las consecuencias resultaba ya irreversible.

XII

LA GENERACIÓN DEL 98 FUE DE IZQUIERDAS

Entre los mitos culturales repetidos ocasionalmente se encuentra el de afirmar que la Generación del 98 fue un movimiento intelectual escorado hacia la izquierda. Semejante circunstancia habría proporcionado así un pedigrí intelectual a una izquierda como la española muy minoritaria y tardía históricamente. La realidad, sin embargo, es diametralmente opuesta a esa afirmación.

No resulta del todo fácil delimitar qué fue la denominada Generación del 98. En términos generales, podemos decir que con ese término nos referimos de forma convencional a un conjunto de escritores —ensayistas, novelistas y poetas— que nacieron entre 1864 y 1876 y que se vieron afectados, en mayor o menor medida, por el Desastre de Cuba y Filipinas que se produjo en 1898. A decir verdad, ni siquiera sus protagonistas coincidieron en su perspectiva. Dos de sus representantes más relevantes —el ensayista Ramiro de Maeztu y el novelista Pío Baroja— negaron que existiera tal generación y Ortega y Gasset insistió incluso en que había en realidad dos generaciones girando la primera en torno a Unamuno y Ganivet, y la segunda, agrupando al resto de autores. Quizá sería más acertado hablar de una era —la Era del Desastre— en la que destacaron, sobre todo, los literatos (Ganivet y Unamuno, Valle-Inclán, Benavente, Arniches, los hermanos Álvarez Quintero, Baroja, Azorín, Ramiro de Maeztu y los hermanos Machado), pero que contó con notables investigadores como el insuperado arabista Miguel Asín Palacios y el medievalista Ramón Menéndez Pidal; con pintores como Ignacio Zuloaga y Ricardo Baroja, y con músicos como Isaac Albéniz y Enrique Granados.

En este conjunto —ciertamente brillante— las diferencias eran notables no sólo en la forma sino también en el fondo. Sin embargo, se podría hablar de algunas características comunes. Por ejemplo, en su casi totalidad, los autores del 98 estuvieron influidos por unas ideas regeneracionistas que siguiendo la discutible tesis de «oligarquía y caciquismo» de un Joaquín Costa empeñado en distinguir la supuesta España real —que necesitaba la redención de los intelectuales y de los políticos— de una oficial que era falsa y que sólo podía provocar el desprecio.

En esa visión de España, los autores del 98 otorgaron una importancia especial a Castilla por la lengua y la Historia, pero no coincidieron en la visión de esta región esencial para entender la andadura española. Mientras que Machado podía señalar su admiración por el antiguo reino y, a la vez, hacer referencia a la Castilla recogida que se pliega sobre sí misma y que, por utilizar su expresión archiconocida, «desprecia cuanto ignora»; Unamuno podía encontrar en Castilla lo más esencial de la raza española, y Menéndez Pidal la cuna de los héroes que habían forjado a la nación y la habían proyectado internacionalmente. Esa supremacía de Castilla ni siquiera aparece cuestionada por autores que procedían de otras regiones.

Con todo, esa visión castellano-céntrica no se tradujo en una fosilización de los géneros literarios sino en una apertura a la novedad que tiene su paralelo más exacto en el Modernismo de otras naciones. A decir verdad, habría que retroceder al inicio del Renacimiento español para encontrar una época más abierta a la innovación literaria. También llama la atención que, junto a su innegable casticismo, la Generación del 98 mostrara un interés extraordinario por corrientes filosóficas que desdeñaban el racionalismo. Baroja se sintió atraído por Schopenhauer y por Nietzsche, pudiendo encontrarse referencias a este último autor también en Azorín, Maeztu y Unamuno. Con todo, en el caso del escritor vasco la influencia mayor fue la de Kierkegaard llegando a aprender el danés para leer sus obras en versión original.

Realizadas esas aclaraciones previas, ¿dónde habría que ubicar ideológicamente a la Generación del 98? Desde luego, sus autores fueron, en general, contrarios al sistema liberal en que vivían muy posiblemente porque lo identificaban con la despreciable España oficial que debía ser redimida. Ese antiliberalismo se tradujo en algunos casos en cierto republicanismo difuso como forma de oposición a la monarquía hasta tal punto que, por ejemplo, Ortega y Gasset llegó a acuñar la consigna de «*Delenda est monarchia*» (La monarquía ha de ser aniquilada) para definir el sistema que redimiría a España. Sin embargo, ese republicanismo vino conectado fundamentalmente con soluciones autoritarias que ni siquiera excluyeran el fascismo hispano. Al respecto, los ejemplos no pueden ser más elocuentes. Si Valle-Inclán, como el marqués de Bradomín, podía definirse como «feo, católico y sentimental» e idealizar la cerrazón del carlismo; Ramiro de Maeztu cayó en una visión católica de la historia de España que casi puede calificarse de «protofascista» y Unamuno —que pasó brevemente por el PSOE para abandonarlo escandalizado— acabó sus días alabando la mente de José Antonio Primo de Rivera, el fundador de la Falange. Por lo que se refiere al paso por la izquierda, fue verdaderamente excepcional. Quizá la manera más sencilla de comprender la veracidad de ese aserto sea examinando la manera en que los miembros de la Generación del 98 vivieron el drama de la Segunda República y de la Guerra Civil española.

Algunos de los miembros de la Generación del 98 aplaudieron ciertamente la llegada de la República —Ortega y Gasset, Pérez de Ayala, Marañón, Baroja, Unamuno...— pero no tardaron en desilusionarse. Ortega y Gasset acuñó la famosa frase de «No es esto, no es esto» para expresar su desencanto por el nuevo régimen al poco de su proclamación y —hecho bien relevante— fue junto con Pérez de Ayala y Marañón de los pocos que condenaron las quemas de conventos e iglesias que se iniciaron en España el 10 de mayo de 1931.

De manera aún más significativa, la mayor parte de los miembros de la Generación del 98 apoyó a los alzados —curiosamente, entre ellos la aplastante mayoría de los que habían ayudado a implantar la república en 1931 como fue el caso de Pérez de Ayala, de Baroja, de Unamuno, de Ortega y Gasset, de Marañón...— sumándose así a otros intelectuales extranjeros que se alinearon con los rebeldes y en contra del Frente popular. A decir verdad, es muy posible que en el caso de estos últimos fueran con seguridad mayoría en países no sólo como Alemania e Italia sino también como Francia o Irlanda. Las razones desde el punto de vista de muchos sobraban si se tenía en cuenta que la Iglesia católica sufría una despiadada persecución que estaba costando la vida a millares de sacerdotes y religiosos, o que la España del Frente popular, como había señalado Churchill, estaba repitiendo la evolución hacia una dictadura comunista que había sufrido Rusia desde octubre de 1917.

Se podría explicar también ese posicionamiento por el casticismo de la Generación del 98, por su visión idealizada de Castilla o por la simpatía hacia fórmulas autoritarias y antiliberales. Sin duda, fue así, pero junto a esos factores pesó mucho el horror ante el desmadre de la Segunda República y las atrocidades desencadenadas por el Frente popular. En ese sentido, no pocas de las figuras vivas de la Generación del 98 demostró mayor entereza que otros. En la zona del Frente popular, lejos de denunciar lo que estaba sucediendo, no fueron escasos los intelectuales que legitimaron las muertes e incluso unieron sus voces a los de aquellos que señalaban a los que debían convertirse en nuevas víctimas. Conocido de sobra es, al respecto, el papel de la socialista Margarita Nelken, que afirmaba en *Claridad* el 11 de agosto de 1936:

> No basta para darnos garantías con «liquidar a los enemigos que ocupan cargos en los ministerios». Para tener esas garantías indispensables, para que nuestros combatientes del frente se sientan las espaldas protegidas a retaguardia, para que no tengan que temer que se les apuñala por detrás, es preciso ir al fondo del asunto y encararse con la verdad; esto es, saber y decir quiénes tuvieron la responsabilidad de que los traidores pudieran traicionar; quiénes por su incapacidad para obrar como verdaderos republicanos —por muy republicanos que fuesen— demostraron no tener capacidad para defender hoy a la República.

Las purgas realizadas por el Frente popular afectaron, desde luego, a miembros de la Generación del 98. El 25 de agosto de 1936, Miguel de Unamuno, que se había manifestado repetidamente contra el Frente popular y ahora apoyaba a los alzados, fue cesado de su cargo de rector vitalicio de la universidad de Salamanca y tres días después la universidad de Madrid era objeto de un cambio extraordinario de cargos y nombramientos que llevarían, por ejemplo, al socialista Julián Besteiro a convertirse en decano de la Facultad de Filosofía y Letras y al también socialista Juan Negrín a ocupar la secretaría de la Facultad de Medicina. No eran los únicos hombres del PSOE beneficiados por la purga.

El 23 de agosto, la Alianza de Intelectuales Antifascistas celebró una asamblea cuya finalidad era depurar la Academia Española de la Lengua, cuyos miembros eran mayoritariamente de derechas. El comité de depuración, auténtica checa de la cultura, estuvo formado por Maroto, Luengo, Abril y, por supuesto, el poeta Rafael Alberti. La depuración fue durísima —de nuevo, sin comparaciones con ninguna otra sufrida en España en ninguno de los siglos precedentes— pero, con todo, pareció escasa a las organizaciones del Frente popular que la consideraron un tanto tibia. Nuevamente, los intelectuales decidieron plegarse a los intereses partidistas, unos intereses que desde hacía semanas se escribían en sangre, y el 30 de julio publicaron un manifiesto de adhesión a la República. El texto sería utilizado por la propaganda republicana tanto durante la guerra como después del conflicto para dejar de manifiesto hasta qué punto la intelectualidad se hallaba identificada con el Gobierno del Frente popular. La realidad, siniestra y cruenta fue bien diferente.

La declaración, ciertamente escueta, estaba suscrita por una docena de intelectuales de primera fila y decía así:

> Los firmantes declaramos que, ante la contienda que se está ventilando en España, estamos al lado del Gobierno de la República y del pueblo, que con heroísmo ejemplar lucha por sus libertades.

Ramón Menéndez Pidal, Antonio Machado, Gregorio Marañón, Teófilo Hernando, Ramón Pérez de Ayala, Juan Ramón Jiménez, Gustavo Pittaluga, Juan de la Encina, Gonzalo Lafora, Pío del Río Ortega, Antonio Marichalar y José Ortega y Gasset.

Algunos de ellos formaban parte de la Generación del 98, pero, en su mayoría, se desdecirían en breve.

No deja de ser todo un símbolo que ese mismo día fuera detenido Ramiro de Maeztu, otro de los grandes intelectuales de la Generación del 98, en un piso de la calle de Velázquez número 9. Se trataba del domicilio de su amigo José Luis Vázquez Dodero que había aceptado esconderlo desde la noche del 17 de julio. Fue trasladado inmediatamente a la comisaría de Buenavista donde un inspector lo puso en libertad al no encontrar ninguna causa legal que motivara su detención. Sin embargo, Ramiro de Maeztu, dado que ya eran las once de la noche y que lo esperaba un coche de milicianos a la puerta, solicitó que lo detuvieran. Finalmente sería asesinado en una de las matanzas masivas realizadas en la época en que Santiago Carrillo fue consejero de Orden público.

La firma del manifiesto de adhesión a la República —al que se sumaron algunos miembros de la Generación del 98— fue obtenida en la mayoría de los casos recurriendo a la coacción y no debe extrañar por lo tanto que fuera repudiado por ellos una vez que se vieron a salvo fuera de la España controlada por el Frente popular. Desde luego, resulta especialmente revelador que los tres escritores que en 1931 habían fundado la Asociación al servicio de la República —Ortega y Gasset, Marañón y Pérez de Ayala— se desvincularan de manera repetida y expresa de la España republicana. La revolución no se correspondía a su juicio con los valores que ellos habían propugnado.

El distanciamiento entre la mayoría de la Generación del 98 no escapó a los que se identificaban con la causa del Frente popular y así es comprensible que el primer número de *El Mono Azul*, una publicación identificada con Alberti y Bergamín, estuviera repleta de insultos a Unamuno.

Eran ciertamente malos tiempos para la cultura cuando el periódico socialista *Claridad*, el 11 de agosto de 1936, señalaba:

> Todos los humoristas acaban al servicio de la barbarie, Camba, Fernández Flórez, Muñoz Seca y tantos otros. Hay que desconfiar de los humoristas profesionales. Siempre llevan dentro un contrarrevolucionario.

Más bien debían ser los humoristas los que desconfiaran del Frente popular. De los citados en el medio del PSOE, todos acabaron ante un pelotón de fusilamiento o, con suerte, en el exilio. *Claridad* no dejaría de fustigar a todos aquellos que ya en 1934 no se habían sumado a la revolución o que habían cometido el imperdonable pecado de escribir para el *Diario de Madrid*, *El Sol*, la *Voz*, *Ahora* o la *Revista de Occidente*. En la única esquela con una cruz que llegaría a publicar, el medio socialista afirmaría:

> Descanse en paz
> Doña Literatura Pura

Entendieron la literatura como un ejercicio de tipo personal, del que sólo ellos y la gramática eran responsables. Arte concebido como narcisismo o vicio solitario. El arte habrá que aceptarlo como una dimensión del trabajo. Todo lo demás es fascismo.

La poda que pretendían los partidarios del Frente popular era de tal magnitud que, de haberse podido llevar a cabo, hubiera significado la creación de un páramo cultural sin precedentes en la Historia de España. No en vano entre los condenados por la inquisición frentepopulista se hallaban los escritores Enrique Jardiel Poncela, Carlos Arniches, Ramón Gómez de la Serna, Eduardo Marquina, Tomás Borrás, José Juan Cadenas, A. Fernández Arias, Joaquín Calvo Sotelo, Ignacio Luca de Tena, M. Morcillo, Pilar Millán Astray, José María Pemán, Jacinto Miquelarena, Adolfo Torrado, Ramón López Montenegro, Jesús J. Gabaldón, Pedro Mata, Alejandro McKimlay, Antonio Quintero y Felipe Sassone, junto con compositores como Moreno Torroba, Jacinto Guerrero o Rosillo cuya música debía contener, presuntamente, corcheas antirrevolucionarias. No fueron, desde luego, los únicos músicos que tenían que temer. El 1 de septiembre de 1936, Rafael Alberti anunció que se negaba a participar como recitador en un acto organizado por la Asociación profesional de periodistas dado que en él iba a intervenir también el músico Joaquín Turina, catedrático a la sazón del Conservatorio, porque no lo consideraba afecto al régimen.

No sorprende por ello que los casos de intelectuales que optaron por el exilio, a ser posible con nombramiento oficial, no resultaran, desde luego, escasos y que entre ellos hubiera miembros de la Generación del 98. El 1 de septiembre de 1936 se había nombrado a Fernando de los Ríos rector de la universidad de Madrid. Ni siquiera apareció a tomar posesión de su cargo y poco después marchó a ocupar la embajada de la España republicana en Estados Unidos. Jiménez Asúa, decano de la Facultad de Derecho, logró igualmente que se le nombrara encargado de negocios en Praga, lo que le evitó permanecer en la capital durante la guerra y la revolución. Por lo que se refiere a José Ortega y Gasset, salió con su familia hacia Alicante el 2 de septiembre de 1936. En el tren iba a coincidir con Cipriano Rivas-Xerif que partía a Ginebra para hacerse cargo del consulado llevando consigo las memorias del presidente Azaña.

Ortega y Gasset estaba asqueado de la revolución frentepopulista y le faltó tiempo al llegar al exilio para manifestar que si había firmado el *Manifiesto de intelectuales* había sido coaccionado y en medio de un clima de terror donde los asesinatos estaban a la orden del día. Sin embargo, antes de que llevara a cabo la menor declaración en ese sentido, la diputada socialista Margarita Nelken lo fustigaría en la prensa por una falta al parecer tan horrenda como la de ser el artífice de la *Revista de Occidente*:

> Hay muchas maneras de ayudar al fascismo y a su advenimiento; no es la menos eficaz la incubación, en torno a una revista «selecta», de delicuescencias cultivadoras de la deshumanización del arte... ¡Descanse con toda paz don José Ortega y Gasset, en el extranjero y en compañía de su familia! De los que hoy puede prescindir España; el mundo nuevo que España está forjando ya no los necesita.

No se trataba de un episodio aislado. En realidad, era una manifestación más de toda una mentalidad, la misma mentalidad que llevaba a Wenceslao Roces, subsecretario de Instrucción pública, a señalar en un mitin de la Asociación de Escritores Antifascistas celebrado el 27 de septiembre de 1936, que «los actuales Institutos tienen que desaparecer para dar la cultura que el pueblo necesita. Vamos a acabar con la casta de bachilleres que lleva en sus entrañas una dosis de feudalismo... No son títulos académicos los que precisa España» o que emergía continuamente en los periódicos del Frente popular señalando, por ejemplo, en *Juventud Libre* de 3 de octubre de 1936, que había que cambiar la población universitaria ya que la actual en su mayoría creía en la religión y no era adicta. Era también la mentalidad que Jesús Hernández, el comunista que sin tener siquiera un título de bachillerato elemental se había convertido en ministro de Instrucción pública, ponía de manifiesto al señalar el 12 de septiembre de 1936 en *Mundo Obrero*:

> Es preciso depurar el personal docente, desde los organismos superiores de cultura hasta la escuela primaria... Es necesaria, irremediable, la eliminación de todos los profesores y maestros no afectos y muy atentamente, al señorito fascista, al parásito amparado en títulos académicos, he de depurar el cuerpo estudiantil en las Universidades e Institutos.

La depuración se estaba llevando a cabo con sangre, una sangre que impulsó a muchos intelectuales a exiliarse, a buscar un acomodo en el extranjero, a colaborar con la represión o, simplemente, a callar.

No sorprende que en una situación así, algunos —que estaban en entredicho— pensaran que quizás era aquél el momento para buscarse un escudo frente a los paseos. Fue el caso de Jacinto Benavente, otro miembro de la Generación del 98, que aprovechó para escribir a *El Sindicalista* la siguiente carta:

> Sr. D. Ceferino R. Avecilla. Madrid.
>
> Mi querido amigo: Ruego a usted haga constar mi adhesión a la protesta de la Sociedad de Autores, contra la muerte de García Lorca. Aunque la protesta sea corporativa, como, por hallarme ausente, pudiera pensarse que yo no figuraba en ella, quiero hacerlo constar. Gracias anticipadas de su afectísimo y antiguo amigo.

Benavente, conocido por su deseo inquebrantable de sobrevivir a cualquier precio, mostró, desde luego, más preocupación por el poeta granadino que Rafael Alberti.

Por su parte, Ramón Pérez de Ayala, uno de los republicanos desengañados con el Frente popular, llegaría hasta el punto de acusar de la muerte de Federico García Lorca a Alberti ya que éste había leído por radio unos versos injuriosos contra los alzados atribuyéndolos falsamente al poeta granadino y provocando así su detención. Se trata de una tesis que podría encontrar respaldo en el mismo testimonio de la mujer de Alberti, María Teresa León en sus *Memorias*, que ha relatado cómo la hermana de Federico llamó por teléfono a Alberti para pedirle que los medios no se refirieran al poeta granadino ya que estaba escondido y podía peligrar su vida. Lo que María Teresa León omite es que la prensa republicana no se había manifestado a la sazón sobre Lorca a excepción de las poesías apócrifas leídas por su marido.

La única excepción a todo ese cuadro de intelectuales de la Generación del 98 que huyeron de la zona controlada por el Frente popular o intentaron sobrevivir si no afectos, sí amedrentados, fue Antonio Machado. Su hermano Manuel había abrazado con entusiasmo la causa de los alzados y quizás el temor a las represalias llevó a Antonio a subrayar su celo por el Frente popular hasta el punto de escribir una poesía dedicada al comunista Enrique Líster que comenzaba afirmando que «Si mi pluma valiera tu pistola...» y concluía diciendo que en tal caso «contento moriría». Sin embargo, el caso de Antonio no fue sino la excepción que confirmaba la regla.

La Generación del 98 ciertamente no estuvo adscrita a la izquierda. Se caracterizó por un regeneracionismo despectivo y antiliberal que creía en soluciones casi mágicas para curar los males reales o supuestos de una España no siempre bien conocida. Semejante actitud contó con paralelos en la izquierda, como también el republicanismo o el anticlericalismo de algunos de sus miembros, pero no puede identificarse con la izquierda que, en términos generales, consideró abominables a los autores de la Generación del 98 —llegando a asesinar a alguno de ellos— y contra la que se manifestó la mayoría de sus componentes. Quizás ahí —en su antiliberalismo, en su casticismo, en su autoritarismo...— pueda encontrarse la razón por la que, a diferencia de la izquierda de su tiempo, el régimen de Franco no dejó de referirse una y otra vez con elogios a la Generación del 98. ¿Quién iba a pensar que una corriente intelectual admirada por la Dictadura, especialmente por su sector más azul, iba a ser objeto de intento de apropiación por la izquierda?

XIII

LA CONSTITUCIÓN REPUBLICANA NO ESTUVO INFLUIDA POR LA MASONERÍA

La leyenda rosa de la Segunda República española ha insistido en el carácter democrático de su constitución y ha procurado pasar por alto —salvo en obras filomasónicas— influencias diversas que, de manera bien reveladora, excluía la de la masonería. La realidad histórica fue, sin embargo, muy distinta.

En el proceso de conspiración que acabó con la monarquía parlamentaria y trajo la Segunda República tuvo un papel nada desdeñable la masonería que, por ejemplo, garantizó el control de la Marina y de buena parte de las fuerzas armadas para los golpistas republicanos. Desde el principio, los masones se entregaron a la tarea de copar puestos en el nuevo régimen. Como expondría el masón José Marchesi *Justicia* a los miembros de la logia Concordia en el mes de abril de 1931, «es preciso que la Orden masónica se aliste para actuar en forma que esa influencia que en la vida pública nos atribuyen... sea realmente un hecho, un hecho real y tangible». Según Marchesi, la masonería debía «escalar las cumbres del poder público y llevar desde allí a las leyes del país la libertad de conciencia y de pensamiento, la enseñanza laica y el espíritu de tolerancia como reglas de vida». En otras palabras, la masonería debía controlar el nuevo régimen para modelarlo de acuerdo con sus principios.

El éxito de ese plan fue verdaderamente espectacular. La segunda gran jerarquía de la masonería española, Diego Martínez Barrios, y otros masones ocuparon diversas carteras en el Gobierno provisional. Con la excepción de Alejandro Lerroux que pertenecía entonces a la Gran Logia española, el resto estaba afiliado al Grande Oriente. Así, Casares Quiroga, Marcelino Domingo, Álvaro de Albornoz y Fernando de los Ríos, ministro de Justicia, pertenecían a la masonería. En el segundo Gobierno provisional, del 14 de octubre al 16 de diciembre de 1931, entró además José Giral. Se trataba de seis ministros pertenecientes a la masonería en total aunque algunas fuentes masónicas elevan la cifra hasta siete. A esto se sumaron no menos de 15 directores generales, 5 subsecretarios, 5 embajadores y 21 generales. El carácter impresionante de la cifra aún queda más de manifiesto cuando se tiene en cuenta que, a la sazón, la masonería apenas contaba con unos miles de miembros en toda España.

No se trató sólo de los cargos públicos. La repercusión electoral de las acciones de la masonería fue realmente impresionante. En la zona de jurisdicción del Mediodía, de 108 candidatos elegidos, 53 eran masones; en la zona regional madrileña, la Centro, los candidatos masones elegidos fueron 23 de 35; en la zona de la Gran regional de Levante, de los 37 candidatos elegidos, 25 fueron masones; en la zona regional nordeste, de los 49 candidatos, 14 fueron masones; en Canarias, finalmente, de 11 candidatos elegidos, 4 fueron masones. Al fin y a la postre, de los 470 diputados, según Ferrer Benemeli, 183 tenían conexión con la masonería. Sin embargo, las logias Villacampa, Floridablanca y Resurrección de La Línea afirmaban en octubre de 1931 que en las Cortes había 160 diputados masones, razón por la cual contaban con la fuerza suficiente para lograr la disolución de las órdenes religiosas. Finalmente, María Dolores Gómez Molleda ha proporcionado una lista de 151 diputados masones que debería considerarse un mínimo.

Este peso de la masonería ni siquiera se vio frenado por las diferencias entre partidos. De hecho, los denominados «hijos de la viuda» estuvieron presentes en la totalidad de las fuerzas republicanas y con una pujanza enorme. De los dos diputados liberal-demócratas, uno era masón; de los 12 federales, 7; de los 30 de la Ezquerra, 11; de los 30 de Acción republicana, 16; de los 52 radical-socialistas, 30; de los 90 radicales, 43, e incluso de los 114 del PSOE, 35. A éstos habría que añadir 8 diputados masones más que pertenecían a otros grupos. En otras palabras, la masonería extendía su influencia sobre partidos de izquierdas y de derechas, jacobinos y nacionalistas, incluso sobre los marxistas revolucionarios como el PSOE cuyos diputados, por lo visto, no tenían ningún problema en conciliar el materialismo dialéctico con la creencia en el Gran Arquitecto. Con esas Cortes —y esos ministros— fue como se abordó la tarea de redacción de la nueva Constitución republicana.

El 20 de abril de 1931, apenas a una semana de la proclamación de la Segunda República, se celebró la Asamblea nacional de la Gran Logia española en la que se adoptó una Declaración de Principios que actualizaba la antigua Constitución de la entidad. Entre los ahora introducidos se hablaba de la necesidad de una «Escuela única, neutra y obligatoria», de la «expulsión de las órdenes religiosas extranjeras» y el sometimiento de las nacionales a la Ley de Asociaciones. En otras palabras, se planteaba un esquema laicista en el que la Iglesia católica se vería apartada de la enseñanza y además los jesuitas —conocidos por su papel en este terreno y en el de los negocios— desaparecerían de la vida nacional. En el curso de la Gran Asamblea celebrada en Madrid durante los días 23, 24 y 25 de mayo de 1931 —es decir justo un mes después—, la Gran Logia española acordó enviar una carta a Marcelino

Domingo en la que se comentaba con satisfacción como «algunos de los puntos acordados en dicha Gran Asamblea han sido ya recogidos en el Proyecto de Constitución pendiente de aprobación» añadiendo: «celebraríamos que usted se interesase para que fuesen incorporados a las nuevas leyes que ha de dictar el Primer Parlamento de la República los demás extremos de nuestra Declaración que aún no han sido aceptados». Difícilmente, se hubiera podido ser más transparente con un hermano ciertamente bien ubicado en el nuevo reparto de poder.

No sorprende que con esos mimbres, durante los meses siguientes, el tema religioso se convirtiera en la cuestión estrella del nuevo régimen por encima de problemáticas como la propia reforma agraria. A fin de cuentas, desde la perspectiva de la masonería, se trataba de una lucha por las almas y los corazones de los españoles y el rival principal no era otro que el catolicismo. No se trataba únicamente de separar la Iglesia y el Estado como sucedía en otras naciones sino, siguiendo el modelo jacobino francés y, sobre todo, el mexicano de 1917, de triturar la influencia católica sustituyéndola por otra laicista. En ese empeño, la masonería podía encontrar el respaldo de buena parte de los republicanos de clases medias y de los movimientos obreristas.

Inicialmente la comisión destinada a redactar un proyecto de constitución para que fuera debatido por las Cortes constituyentes se inclinó por un enfoque del tema religioso que recuerda considerablemente al consagrado en la actual Constitución española de 1978. En él, se recogía la separación de Iglesia y Estado, y la libertad de cultos, pero, a la vez, se reconocía a la Iglesia católica un estatus especial como entidad de derecho público reconociendo una realidad histórica y social innegable. La Agrupación al servicio de la República —y especialmente Ortega y Gasset— defendió esa postura por considerarla la más apropiada y por unos días se hubiera podido pensar que sería la definitiva. Si no sucedió así se debió de manera innegable a la influencia masónica.

De hecho, durante los primeros meses del nuevo régimen, la propaganda de las logias tuvo un tinte marcadamente anticlerical y planteó como supuestos políticos irrenunciables la eliminación de la enseñanza confesional en la escuela pública, la desaparición de la escuela confesional católica y la negación a la Iglesia católica incluso de los derechos y libertades propios de una institución privada. Al respecto, no deja de ser significativo que se nombrara director general de primera enseñanza al conocido masón Rodolfo Llopis —que con el tiempo llegaría a secretario general del PSOE— cuyos decretos y circulares de mayo de 1931 ya buscaron implantar un sistema laicista y colocar a la Iglesia católica contra las cuerdas. En el curso de los meses siguientes, la masonería logró dos nuevos triunfos con ocasión del artículo 26 de la Constitución y de la Ley de Confesiones y Congregaciones religiosas complementaria de aquél. Ha sido el propio Vidarte —masón y socialista— el que ha recordado cómo «antes de empezar la discusión los diputados masones recibimos, a manera de recordatorio, una carta del Gran Oriente *[sic]* en la que marcaba las aspiraciones de la masonería española y nos pedía el más cuidadoso estudio de la Constitución».

En paralelo, se celebraron una serie de reuniones entre diputados masones, sin hacer distinciones de carácter partidista, durante el mes de agosto de 1931 para fijar criterios unitarios de acción política. Una de ellas, la del 29 de agosto, tuvo lugar dos días después de presentarse a las

Cortes el proyecto de constitución y fue convocada por el político de izquierdas Pedro Rico, a la sazón Gran Maestre Regional. A esas reuniones oficiales se sumaron otras en forma de banquetes a las que ha hecho referencia el masón Vidarte en sus memorias. Conociendo ese contexto, no resulta sorprendente que durante los debates del 27 de agosto al 1 de octubre, los diputados masones fueran logrando de manera realmente asombrosa que se radicalizaran las posiciones de la cámara de tal manera que el proyecto de la comisión se vio alterado sustancialmente en relación con el tema religioso. Esa radicalidad fue asumida por el PSOE y los radical-socialistas, e incluso la Esquerra catalana suscribió un voto particular en favor de la disolución de las órdenes religiosas y de la nacionalización de sus bienes, eso sí, insistiendo en que no debían salir de Cataluña los que allí estuvieran localizados. En ese contexto, se llevó a cabo el debate último del que saldría el texto constitucional.

El 29 de septiembre y el 7 de octubre se presentaron dos textos que abogaban por la nacionalización de los bienes eclesiásticos y la disolución de las órdenes religiosas. Los firmaban los masones Ramón Franco y Humberto Torres y recogían un conjunto de firmas mayoritariamente masónicas. Otras dos enmiendas más surgidas de los radical-socialistas y del PSOE fueron en la misma dirección y —no sorprende— contaron con un respaldo que era mayoritariamente masónico. En apariencia, los distintos grupos del Parlamento apoyaban las posiciones más radicales; en realidad, buen número de diputados masones —secundados por algunos que no lo eran— estaban empujando a sus partidos en esa dirección. Cuando el 8 de octubre se abrió el debate definitivo —que duraría hasta el día 10— los masones estaban más que preparados para lograr imponer sus posiciones en materia religiosa y de enseñanza, posiciones que, por añadidura, podían quedar consagradas de manera definitiva en el texto constitucional. Ciertamente siguió existiendo un intento moderado por mantener el texto inicial y no enconar las posturas, pero fracasó totalmente ante la alianza radical del PSOE, los radical-socialistas y la Esquerra. El día 9, de hecho, esta visión se había impuesto aceptando sólo como concesión el que la Compañía de Jesús fuera la única orden religiosa que resultara disuelta. De manera bien reveladora, dos días después, el Gran Maestre Esteva envió a los talleres de la jurisdicción una circular en la que urgía la reunión inmediata de todos y cada uno de ellos para enviar *motu proprio* un telegrama al jefe del Gobierno para que apoyara en la discusión que se libraba en el seno de las Cortes la separación de la Iglesia y el Estado, la supresión de las órdenes religiosas, la incautación de sus bienes y la eliminación del presupuesto del clero. Para lograrlo se ordenaba organizar manifestaciones y mítines sumados a una campaña de prensa que diera la impresión de que existía lo que ahora se denomina «demanda social».

El éxito de las presiones de la masonería fue notable. Al fin y a la postre, en la Constitución quedó plasmado no el contenido de la comisión inicial que pretendía mantener la separación de la Iglesia y el Estado a la vez que se permitía un cierto estatus para la Iglesia católica y se respetaba la existencia de las comunidades religiosas y su papel en la enseñanza; por el contrario, la ley máxima de la República recogió la disolución de la Compañía de Jesús, la prohibición de que las órdenes religiosas se dedicaran a la enseñanza y el encastillamiento de la Iglesia católica en una situación legal no por difusa menos negativa.

El triunfo de la masonería había resultado, por lo tanto,

innegable, pero sus consecuencias fueron, al fin y a la postre, profundamente negativas. La masonería había vencido, pero a costa de humillar a los católicos y de causar daños a la convivencia y al desarrollo pacífico del país, por ejemplo, al eliminar de la educación centros indispensables tan sólo porque estaban vinculados con órdenes religiosas. Ese enfrentamiento civil fue, sin duda, un precio excesivo para la victoria de las logias. Como señalaría el presidente de la República, Niceto Alcalá Zamora en *Los defectos de la Constitución de 1931*, la Constitución, al fin y a la postre, procedía de unas Cortes que «adolecían de un grave defecto, el mayor sin duda para una Asamblea representativa: Que no lo eran, como cabal ni aproximada coincidencia de la estable, verdadera y permanente opinión española...» La Constitución, según el mismo testimonio, «se dictó, efectivamente, o se planeó sin mirar a esa realidad nacional... se procuró legislar obedeciendo a teorías, sentimientos e intereses de partido, sin pensar en esa realidad de convivencia patria, sin cuidarse apenas de que se legislaba para España». En esa Constitución redactada por una minoría se consagró no tanto una visión democrática como el triunfo de los vencedores de la crisis de abril de 1931 y el seguimiento de un modelo político semejante al de México. El resultado —señalaría Alcalá Zamora en este texto escrito antes de 1934— fue «una Constitución que invitaba a la guerra civil, desde lo dogmático, en que impera la pasión sobre la serenidad justiciera, a lo orgánico, en que la improvisación, el equilibrio inestable, sustituyen a la experiencia y a la construcción sólida de poderes». Lamentablemente, no se equivocó Alcalá Zamora en su juicio y la responsabilidad de la tragedia recae en muy buena medida sobre la masonería, una organización que estuvo presente —y de manera decisiva— en la redacción de la Constitución de 1931.

XIV

EL VOTO FEMENINO FUE UNA CONQUISTA DE LAS IZQUIERDAS

Entre los mitos más repetidos en la historia reciente de España se encuentra el que atribuye la consecución del voto femenino a las izquierdas. La realidad histórica resulta bien diferente, tanto que, a decir verdad, de haber sido por las izquierdas las mujeres quizá nunca hubieran obtenido el derecho al voto.

La consecución del voto femenino fue una meta planteada desde finales del siglo XIX por grupos de mujeres que recibieron —el nombre era obligado— el calificativo de «sufragistas». Sus miembros no se identificaban con la izquierda —no pocas de ellas hubieran sentido un auténtico horror frente al socialismo o al feminismo actual— aunque sí intentaban crear un caldo de cultivo social proclive a aceptar la introducción del derecho al voto femenino en las legislaciones contemporáneas.

En Gran Bretaña, el voto femenino fue reconocido en 1917 y tres años después sucedió lo mismo en Estados Unidos. Sin embargo, no fueron las primeras naciones en dar ese paso. Las precedieron, de hecho, Nueva Zelanda (1893), Australia (1902), y los países escandinavos, salvo Suecia, entre 1906 y 1915. No deja de ser significativo que se tratara en todos los casos de naciones sociológicamente protestantes en las que además prendió con facilidad el estado de opinión favorable al sufragio. En otras naciones hubo que esperar al final de la Primera Guerra Mundial —en el curso de la cual las mujeres se vieron incorporadas como nunca antes al esfuerzo bélico— para que se reconociera el derecho. Fue el caso de Holanda, Rusia o Francia.

En España, de manera bien reveladora, la primera entrada del sufragio femenino en la legislación vino de la mano no de un inexistente movimiento sufragista, sino de una dictadura, militar por añadidura. Fue el general Primo de Rivera el que, en un intento de limpiar la vida de las entidades locales, introdujo el sufragio femenino. La reforma de Primo de Rivera tuvo, como otras impulsadas por él, una vida escasa ya que se vio obligado a dejar el poder por el abandono de Alfonso XIII, el monarca que se lo había entregado. Así, el sufragio femenino desapareció de las preocupaciones de los partidos españoles hasta la proclamación de la Segunda República. Tampoco las fuerzas que trajeron la República manifestaron ningún entusiasmo inicial por la cuestión. A decir verdad, cuando se llevó a cabo la convocatoria de Cortes constituyentes, las mujeres se encontraron con que podían ser elegidas como diputadas, pero no votar. Efectivamente, tres lograron un escaño: Victoria Kent, Margarita Nelken y Clara Campoamor. De manera bien reveladora, la iniciativa de otorgar el voto a la mujer procedería de la única que pertenecía a una formación de derechas: Clara Campoamor.

La biografía de Clara Campoamor es, sin duda, la de una de las mujeres de mayor relevancia en la España del siglo XX. Nacida en 1888 en Madrid, en el entonces llamado barrio de Maravillas, pertenecía a una familia de inclinaciones liberales. Obligada por la muerte de su padre, con trece años comenzó a trabajar ayudando a su madre como modista. Sin embargo, Clara estaba decidida —una muestra de la educación liberal que había recibido en su casa— a progresar socialmente gracias al esfuerzo y en 1909, con apenas veintiún años, consiguió una plaza por oposición en el cuerpo auxiliar de Telégrafos. Es muy posible que otra persona se hubiera sentido más que satisfecha con ese logro. No fue el caso de Clara, poseída por un verdadero deseo de mejora social.

En 1914, era profesora de la Escuela de Adultos de Madrid —una institución concebida con un enorme aliento social en la medida en que intentaba remediar la falta de educación que habían sufrido personas carentes de recursos— a la vez que se convertía en secretaria del diario *La Tribuna*. Pero tampoco se detuvo ahí la labor de superación personal de Clara. En 1922, se entregó a concluir sus estudios de Bachillerato como única vía para llegar a la universidad. Dos años después, de manera que casi se podría calificar de prodigiosa, se licenció en Derecho por la Universidad de Madrid, colegiándose en 1925.

Decidida a defender los derechos de la mujer —a la sazón, una utopía—, Clara Campoamor se entregó a una incansable labor de propaganda hablada y escrita. Se trató de una actividad que, en la etapa crepuscular de la monarquía parlamentaria, se entrelazó con otra de carácter republicano pasando a militar en Acción republicana o defendiendo como abogada en 1930 a los golpistas de Jaca que se alzaron para proclamar la República. Fundadora —y presidenta— de la Agrupación Unión Republicana Femenina, de manera bien reveladora, Clara Campoamor, ya volcada en la acción política de manera total tras la caída de la monarquía, optó por integrarse no en una formación de izquierdas, sino de centro-derecha. Se trataba del Partido Republicano Radical. Vinculado a la figura de Lerroux —un feroz populista durante la primera parte del siglo—, con el paso del tiempo había ido evolucionando hacia posiciones más conservadoras hasta el punto de que Josep Pla podría decir ya en la primavera de 1931, de manera un tanto exagerada, pero no exenta de verdad, que se había convertido en el partido de los obispos y de las monjas. En realidad, la elección estaba cargada de lógica en la medida en que el Partido Radical era un partido de carácter reformista abierto a impulsar políticamente los planes de promoción de la mujer que abrigaba Clara Campoamor, mientras que la izquierda temía que se diera tal posibilidad.

En 1931, Clara Campoamor fue elegida diputada por Madrid. En las Cortes constituyentes, la acompañarían otras dos mujeres, ambas de izquierdas: Victoria Kent y la socialista Margarita Nelken. La perspectiva bien distinta de las tres no tardaría en quedar de manifiesto. Mientras que Clara Campoamor consideraba que resultaba imperioso entregar el voto a la mujer, Victoria Kent se manifestó como una enemiga radical de ese cambio legislativo. Las razones de la izquierda para oponerse a esa reforma eran de mero oportunismo político. Victoria Kent, como el resto de la izquierda, pensaba que las mujeres, en términos generales, eran conservadoras y estaban influidas por la Iglesia católica. La aprobación de una legislación sobre el divorcio o de carácter anticlerical podía llevar a esas mujeres a entregar su voto a una formación de derechas, lo que resultaba, de por sí, intolerable.

Merece la pena detenerse en ambas posiciones porque resultan sumamente reveladoras. Mientras que la centroderechista Campoamor consideraba que el derecho al voto femenino existía per se y, por lo tanto, el legislador sólo tenía la opción de reconocerlo, la izquierda pretendía impedir ese derecho en la medida en que podía servir para desplazarla del poder. Dejaba así de manifiesto por enésima vez una concepción de la democracia que hallamos en personajes como Pablo Iglesias, la que sólo estaba dispuesta a aceptar la democracia si ésta la apuntalaba en el poder y a considerarla un estorbo si no le permitía retenerlo.

Partiendo de esas bases, no resulta extraño que en la sesión de las Cortes de 1 de octubre de 1931, Clara Campoamor defendiera el sufragio femenino frente a argumentos oportunistas o abiertamente misóginos. Si los diputados católicos veían con desconfianza el voto femenino pensando que introduciría disensiones en la vida familiar, las izquierdas temían un voto femenino de signo conservador. Así, Victoria Kent, la voz de las mujeres de izquierdas en el Parlamento junto a Margarita Nelken, manifestó su oposición a ese reconocimiento legal «hasta que transcurran unos años y vea la mujer los frutos de la República y la educación», en otras palabras, la mujer no debería votar hasta que estuviera convencida de que debía hacerlo por las izquierdas. Utilizaba así un argumento similar al de Plácido Álvarez-Buylla que, menos sutil que la Kent, señalaba que las mujeres no debían votar hasta que «dejaran de ser retrógradas», es decir, hasta que estuvieran dispuestas a votar a la izquierda. Otros personajes de la izquierda como Rafael Guerra del Río, en un ejercicio de supuesta magnanimidad, se manifestaron a favor del voto femenino siempre que pudiera anularse en caso de no ser favorable al Gobierno de izquierdas. Tampoco faltaron los que se negaron rotundamente dado el carácter histérico de las mujeres (Roberto Novoa Santos) o que aceptaron a regañadientes esa posibilidad después de que las mujeres cumplieran los cuarenta y cinco años ya que a esa edad, presuntamente, la mujer dejaba de tener reducida la voluntad y la inteligencia.

Los comentarios de los políticos de izquierdas sobre el episodio resultan bien reveladores. Azaña señaló: «La

Campoamor es más lista y más elocuente que la Kent, pero también más antipática. La Kent habla para su canesú y acciona con la diestra sacudiendo el aire con giros violentos y cerrando el puño como si cazara moscas al vuelo. Yo creo que es una atrocidad negar el voto a las mujeres por la sospecha de que no votarían a favor de la República.» Ciertamente lo era, pero Azaña, que nunca creyó en una democracia que no le permitiera gobernar siempre, se abstuvo a la hora de votar temeroso de que, efectivamente, las mujeres entregaran su voto a la derecha.

Aún más tajante fue el socialista Indalecio Prieto que era totalmente contrario a la posibilidad de conceder el voto a la mujer. Su argumento era el mismo que el de Victoria Kent o su compañera de partido Margarita Nelken. Si a las mujeres se les concedía el voto, lo entregarían a la derecha. Tan sólo dos años más tarde, cuando las derechas ganaron las elecciones, Prieto mantendría el siguiente diálogo con su compañero del PSOE Largo Caballero, que ha sido recogido por el también socialista Vidarte en sus memorias:

> —Si me hubierais hecho caso dejando en suspenso el voto de la mujer para otras elecciones, no tendríamos ahora problema alguno.
>
> —Pero habríamos ido contra nuestros acuerdos y principios —le replicó Caballero.
>
> —Nadie se hubiera dado la menor cuenta. Bastaba con decirles a unos cuantos diputados, que lo estaban deseando, que se quedaran en el café o no entraran en el salón.

Dicho sea de paso, era lo que Prieto había hecho.

No menos negativo en su apreciación fue Martínez

Barrio, jefe del ala izquierda del Partido Radical y masón del más alto rango, que en sus memorias culpó al voto femenino y a Clara Campoamor de punto menos que provocar la Guerra Civil:

> El servicio ofrecido a la República por la señorita Campoamor y los 157 diputados que la acompañaron en su desenfadada y alegre aventura, se tradujo en los bandazos electorales de 1933 y 1936. Con el voto femenino y la ley electoral del todo o nada, la República salió de Escila para entrar en Caribdis.

No hace falta decir que testimonios como los mencionados indican más que de sobra dónde estaban las izquierdas en relación con el voto femenino —que, dicho sea de paso, no había formado nunca parte de sus metas— y la manera tan cínica en que abordaron el tema. Finalmente, por una ligera mayoría, la Constitución de 1931 lo incluyó de la siguiente manera: «Los ciudadanos de uno y otro sexo, mayores de 23 años, tendrán los mismos derechos electorales conforme determinen las leyes.»

Con todo, no se trataba de una victoria definitiva. Todavía en diciembre de ese mismo año, las izquierdas intentaron limitar el derecho de sufragio femenino.

Desde luego, nunca perdonarían a Clara Campoamor su osadía al defender el voto femenino. En 1933, las derechas obtuvieron una abultada victoria electoral y las izquierdas —totalmente ayunas de autocrítica— culparon del resultado adverso a las mujeres que, presuntamente, habían entregado el voto a las derechas. El argumento, repetido una y otra vez por autores de izquierdas, resulta imposible de demostrar y sólo sirve para intentar ocultar realidades históricas innegables como los clamorosos fracasos del Gobierno republicano-socialista de 1931-1933. Los anarquistas —la fuerza sindical más importante del período que se había alzado en armas varias veces contra el Gobierno de izquierdas— negaron, desde luego, su voto a unas izquierdas que los habían defraudado. Se puede alegar, con razón, que su punto de vista era radical, pero no es menos cierto que la reforma agraria había sido un fracaso, que la militar sólo había creado tensiones innecesarias y que la gestión económica había sido deplorable provocando la aparición del espectro del hambre. En esos factores —más que en el voto femenino— hay que buscar el fracaso electoral de las izquierdas en 1933.

Clara Campoamor no fue elegida ese año y al siguiente, abandonó el Partido Radical por apoyarse en la CEDA —¿hubiera podido hacer otra cosa para gobernar?— a la vez que solicitando su entrada en Izquierda Republicana, una heteróclita formación en la que militaban radical-socialistas, azañistas y galleguistas. Fue un craso error. La fuerza más moderada de las izquierdas la sometió a la humillación de abrirle expediente —a pesar de ir recomendada por Casares Quiroga— y votar en público su admisión. Le fue denegada e incluso dos afiliadas alzaron en alto su bola negra mostrando su responsabilidad en el rechazo de la mujer que había defendido el sufragio femenino. Convertida en una apestada de la política por las izquierdas, no pudo concurrir a las elecciones de 1936 y se sintió obligada a escribir una apología bajo el título de *Mi pecado mortal: el voto femenino y yo*, que se publicó en junio de 1936.

En verdad, el suyo había sido un pecado mortal porque las izquierdas, lejos de traer el voto femenino, se habían opuesto a él con decisión y, una vez consagrado legalmente, no dudaron en culparlo de los resultados de sus propios fracasos.

XV

LA REVOLUCIÓN DE 1934 FUE UNA RESPUESTA A LA AMENAZA FASCISTA CONTRA LA REPÚBLICA

En octubre de 1934, el PSOE y Esquerra Republicana de Catalunya se alzaron en armas contra el Gobierno republicano. El episodio —que descoyuntó el régimen republicano e implicó el inicio del camino que llevó a la Guerra Civil— ha sido objeto de distintos intentos de legitimación que han ido de convertirlo en una simple huelga general a afirmar que se trataba de un intento de contener el fascismo español. La realidad histórica fue muy diferente.

Aunque buena parte de los políticos que trajeron la República —la excepción sería el Partido Radical o fuerzas como la Asociación al servicio de la República— contaba con una serie de victorias sucesivas de las izquierdas que convirtieron el sistema español en algo muy similar a lo que fue el del PRI en México, la realidad no tardó en mostrarse muy diferente. De hecho, las derechas procedieron a reagruparse de manera mayoritariamente pacífica buscando la integración en un sistema que les era hostil. Ciertamente, durante la primavera y el verano de 1932, la violencia revolucionaria de las izquierdas, y la redacción del Estatuto de autonomía de Cataluña y del proyecto de ley de reforma agraria impulsaron, entre otras consecuencias, un intento de golpe capitaneado por Sanjurjo. Sin embargo, éste careció de un apoyo mínimo —lo que provocó su fracaso estrepitoso en agosto— y los esfuerzos de las derechas se encauzaron mayoritariamente hacia la creación de una alternativa electoral a las fuerzas que habían liquidado el sistema parlamentario anterior a abril de 1931.

Entre el 28 de febrero y el 5 de marzo de 1933, tuvieron lugar la fundación de la CEDA (Confederación Española de Derechas Autónomas) —una coalición de fuerzas de derechas y católicas— y la aceptación formal del sistema republicano.

La reacción de Azaña ante la respuesta de las derechas fue intentar asegurarse la permanencia en el poder mediante la articulación de mecanismos legales concretos. Si desde un principio, las izquierdas habían intentado controlar los medios de comunicación a través de la Ley de Defensa de la República que permitía cerrar aquéllos considerados hostiles, el 25 de julio de 1933 se aprobó una ley de orden público que dotaba al Gobierno de una enorme capacidad de represión y unos poderes aún más extraordinarios para limitar en mayor medida la libertad de expresión. Antes de que concluyera el mes, Azaña —que intentaba evitar unas elecciones sobre cuyo resultado no era optimista— lograba asimismo la aprobación de una ley electoral que reforzaba las primas en favor de la mayoría. Mediante este mecanismo, Azaña pretendía contar con una mayoría considerable en unas Cortes futuras aunque no se correspondiera con la proporción exacta de votos obtenidos en las urnas. Sin embargo, a pesar de todo, durante el verano de 1933, Azaña se resistió a convocar elecciones inseguro sobre cuáles podrían ser los resultados.

En el curso de aquellos meses estivales terminó de cuajar la denominada «bolchevización» del PSOE. Así, en la escuela de verano del PSOE en Torrelodones, los jóvenes socialistas celebraron una serie de conferencias donde se concluyó la aniquilación política del moderado Julián Besteiro, el apartamiento despectivo de Indalecio Prieto y la consagración entusiasta de Largo Caballero, al que se aclamó como el «Lenin español». Se diga lo que se diga, el modelo de marcha hacia la dictadura del proletariado propugnado por los socialistas no podía resultar más obvio, y más en una época en que el PCE era un partido insignificante. Se abandonaba con desprecio cualquier posibilidad de evolucionar en una línea socialdemócrata y se abrazaba un ideal revolucionario cuya finalidad era implantar la dictadura del proletariado de la misma manera que habían hecho los bolcheviques en Rusia.

Los acontecimientos se iban a precipitar al final del verano. El 3 de septiembre de 1933, el Gobierno republicano-socialista sufrió una derrota espectacular en las elecciones generales para el Tribunal de garantías y cinco días después cayó.

Finalmente, el 19 de noviembre tuvieron lugar las nuevas elecciones. En ellas votó el 67,46 por ciento del censo electoral y las mujeres por primera vez, como ya indicamos en el capítulo anterior. Las derechas obtuvieron 3.365.700 votos, el centro 2.051.500 y las izquierdas 3.118.000. Sin embargo, el sistema electoral —que favorecía, por decisión directa de Azaña, a las grandes agrupaciones— se tradujo en que las derechas, que se habían unido para las elecciones, obtuvieran más del doble de escaños que las izquierdas con una diferencia entre ambas que no llegaba a los doscientos cincuenta mil votos. La derecha consiguió así 204 escaños frente a los 168 del centro —incluida la Lliga— y los 94 de las izquierdas (61 de ellos, socialistas).

En una democracia normal, la izquierda hubiera aceptado la derrota, pero las izquierdas españolas no eran —resulta absurdo negarlo— democráticas. De hecho, Azaña intentó en aquellos momentos que Alcalá Zamora, el presidente de la República, impidiera su desalojo del poder apelando a una legitimidad republicana que, al parecer, pesaba más que la voluntad popular expresada en las urnas. Alcalá Zamora, comprensiblemente, no accedió a las presiones antidemocráticas de Azaña. Sin embargo, tampoco estaba dispuesto a permitir que gobernaran los que habían ganado las elecciones. En puridad, la fuerza mayoritaria —la CEDA— tendría que haber sido la encargada de formar gobierno, pero las fuerzas que habían traído la Segunda República no estaban dispuestas a consentirlo a pesar de su indudable triunfo electoral y Alcalá Zamora aceptó esa imposición antidemocrática encomendando la misión de formar gobierno al radical Lerroux, un republicano histórico, pero en minoría, que se había ido desplazando cada vez más hacia la derecha por el sectarismo de Azaña.

La salida ciertamente hurtaba los frutos de su victoria a la CEDA, pero no pareció suficiente al PSOE ni a los nacionalistas catalanes que comenzaron a urdir una conspiración armada que acabara con un Gobierno de centro-derecha elegido democráticamente. Semejante acto revestía una enorme gravedad porque no eran fuerzas exteriores al Parlamento —como había sido el caso de los anarquistas en 1932 y 1933— sino partidos con representación parlamentaria los que estaban dispuestos a torcer el resultado de las urnas por la fuerza de las armas.

Aunque la propaganda de izquierdas insistiría posteriormente en el que el alzamiento socialista-nacionalista había sido una reacción espontánea a la entrada de la CEDA en el Gobierno en octubre de 1934, la realidad histórica es totalmente distinta. De hecho, los llamamientos a la revolución fueron muy anteriores a que se produjera esa eventualidad, además de numerosos, claros y contundentes. El 3 de enero de 1934, por ejemplo, *El Socialista* publicaba unas declaraciones de Indalecio Prieto que ponían de manifiesto el clima que reinaba en el interior de su partido:

Y ahora piden concordia. Es decir, una tregua en la pelea, una aproximación de los partidos, un cese de hostilidades... ¿Concordia? No. ¡Guerra de clases! Odio a muerte a la burguesía criminal. ¿Concordia? Sí, pero entre los proletarios de todas las ideas que quieran salvarse y librar a España del ludibrio. Pase lo que pase, ¡atención al disco rojo!

No se trataba de un mero exabrupto del hombre que había desaparecido del hemiciclo para no votar a favor del voto femenino. El 4 de febrero, el mismo Indalecio Prieto llamó a la revolución armada en un discurso pronunciado en el coliseo Pardiñas. Ese mismo mes, la CNT propuso a la UGT una alianza revolucionaria, oferta a la que respondió el socialista Largo Caballero con la de las Alianzas Obreras. Su finalidad no era laboral sino eminentemente política: aniquilar el sistema parlamentario y llevar a cabo la revolución. A finales de mayo, el PSOE desencadenó una ofensiva revolucionaria en el campo que reprimió enérgicamente Salazar Alonso, el ministro de Gobernación. A esas alturas, el Gobierno contaba con datos suficientes en relación con la insurrección armada que se preparaba y en la que tendrían un papel importante no sólo el PSOE sino también los nacionalistas catalanes y algunos republicanos de izquierdas.

Desde luego, no se trataba de rumores sino de afirmaciones de parte. *El Socialista* del 29 de julio de 1934, por ejemplo, señalaba que las teorías del Frente popular propugnadas por los comunistas a impulso de Stalin eran demasiado moderadas porque no recogían «las aspiraciones trabajadoras de conquistar el Poder para establecer su hegemonía de clase». Por el contrario, las Alianzas Obreras, propugnadas por Largo Caballero, eran «instrumento de insurrección y organismo de Poder». A continuación *El Socialista* trazaba un obvio paralelo con la revolución bolchevique:

> Dentro de las diferencias raciales que tienen los sóviets rusos, se puede encontrar, sin embargo, una columna vertebral semejante. Los comunistas hacen hincapié en la organización de sóviets que preparen la conquista insurreccional y sostengan después el Poder obrero. En definitiva, esto persiguen las Alianzas.

Si de algo se puede acusar a los medios socialistas en esa época no es de hipocresía. *Renovación* anunciaba el 25 de agosto de 1934 refiriéndose a la futura revolución:

> ¿Programa de acción? – Supresión a rajatabla de todos los núcleos de fuerza armada desparramada por los campos – Supresión de todas las personas que por su situación económica o por sus antecedentes puedan ser una rémora para la revolución.

Semejantes afirmaciones que mostraban una clara voluntad de acabar con el sistema parlamentario sustituyéndolo por uno similar al soviético, en teoría debían haber causado seria preocupación entre los republicanos de izquierdas. Sin embargo, para éstos el enemigo que debía ser abatido no era el que pensaba en aniquilar la República, sino el centro y la derecha. Al respecto, el 30 de agosto, Azaña realizó unas declaraciones ante las que nadie se podía llamar a engaño. De acuerdo con las mismas, las izquierdas no estaban dispuestas a consentir que la CEDA entrara en el Gobierno por más que las urnas la hubieran convertido en la primera fuerza parlamentaria. Si la CEDA insistía en entrar en un Gobierno de acuerdo con un derecho que, en puridad democrática, le correspondía, las izquierdas se opondrían incluso yendo contra la legalidad. «Estaríamos —diría Azaña— libres de toda fidelidad... habríamos de conquistar a pecho descubierto las garantías.»

Los anuncios de Azaña, de Prieto, de Largo Caballero, de tantos otros personajes de la izquierda no eran sino una consecuencia realmente lógica de toda una visión política que no había dejado de avanzar desde finales del siglo XIX y que, entre otras consecuencias, había tenido la de aniquilar la monarquía parlamentaria. El Parlamento —y las votaciones que lo habían configurado— sólo resultaba legítimo en la medida en que servía para respaldar el propósito de las fuerzas mencionadas. Cuando el resultado en las urnas no apoyaba las pretensiones de ese bloque político, el Parlamento debía ser rebasado y acallado desde la calle recurriendo a la violencia. Para el PSOE, el PCE y la CNT, el paso siguiente sólo podía ser la revolución.

El 9 de septiembre de 1934, la Guardia Civil descubrió un importante alijo de armas que, a bordo del *Turquesa*, se hallaba en la ría asturiana de Pravia. Una parte de las armas había sido ya desembarcada y, siguiendo órdenes de Indalecio Prieto, transportada en camiones de la Diputación provincial controlada a la sazón por el PSOE. La finalidad del alijo no era otra que armar a los socialistas preparados para la sublevación. No en vano el 25 de septiembre *El Socialista* anunciaba:

> Renuncie todo el mundo a la revolución pacífica, que es una utopía; bendita la guerra.

Dos días después, *El Socialista*, trazando paralelos con el golpe de Estado que había llevado a los bolcheviques de Lenin al poder en octubre de 1917, remachaba:

> El mes próximo puede ser nuestro octubre. Nos aguardan días de prueba, jornadas duras. La responsabilidad del proletariado español y sus cabezas directoras es enorme. Tenemos nuestro Ejército a la espera de ser movilizado.

Ese mismo día, moría en Barcelona el ex ministro Jaime Carner. Azaña, en compañía de otros dirigentes republicanos, se dirigió a la Ciudad Condal. Sin embargo, a pesar de conocer entonces lo que tramaban socialistas y catalanistas, no informó a las autoridades republicanas y decidió quedarse en la ciudad a la espera de los acontecimientos. Antes de concluir el mes, el Comité central del PCE anunciaba su apoyo a un frente único con finalidad revolucionaria.

El 1 de octubre, cuando las izquierdas llevaban casi un año anunciando su propósito de desencadenar una guerra revolucionaria, Gil Robles exigió la entrada de la CEDA en el Gobierno de Lerroux. Sin embargo, en una clara muestra de moderación política, Gil Robles ni pidió la presidencia del gabinete (que le hubiera correspondido en puridad democrática) ni tampoco la mayoría de las carteras. El 4 de octubre entrarían, finalmente, tres ministros de la CEDA en el nuevo Gobierno, todos ellos de una trayectoria intachable: el catalán y antiguo catalanista Oriol Anguera de Sojo, el regionalista navarro Aizpún y el sevillano Manuel Jiménez Fernández, que se había declarado expresamente republicano y que defendía la realización de la reforma agraria hasta el punto de ser motejado «el bolchevique blanco». Ni uno solo de los tres tenía punto de contacto con el fascismo.

La presencia de ministros cedistas en el gabinete fue aprovechada como excusa por parte del PSOE y de los catalanistas para poner en marcha un proceso de insurrección armada que, como hemos visto, venía fraguándose desde hacía meses. Tras un despliegue de notable agresividad de la prensa de izquierdas el 5 de octubre, el día 6 tuvo lugar la sublevación. Su carácter violento —nada que ver con la huelga pacífica a la que se referirían con posterioridad algunos autores— quedó de manifiesto desde el principio. En Guipúzcoa, por ejemplo, los alzados asesinaron al empresario Marcelino Oreja Elósegui. En Barcelona, el dirigente de Esquerra Republicana, Companys, proclamó desde el balcón principal del palacio presidencial de la Generalidad «el Estat Català dentro de la República federal española» e invitó a «los dirigentes de la protesta general contra el fascismo a establecer en Cataluña el Gobierno provisional de la República». Sin embargo, ni el Gobierno republicano era fascista, ni los dirigentes de izquierdas recibieron el apoyo que esperaban de la calle ni la Guardia Civil o la de Asalto se sumaron al levantamiento. La Generalidad se rindió así a las seis y cuarto de la mañana del 7 de octubre, mientras algunos de los dirigentes nacionalistas se ponían a salvo huyendo por las alcantarillas de Barcelona.

El fracaso del golpe armado en Cataluña tuvo claros paralelos en la mayoría de España. Ni el Ejército —con el que el PSOE había mantenido contactos valiéndose de manera privilegiada de la masonería— ni las masas populares se sumaron al golpe de Estado nacionalista-socialista y éste fracasó al cabo de unas horas. La única excepción a esta tónica general fue Asturias, donde los alzados contra el

Gobierno legítimo de la República lograron un éxito inicial y dieron comienzo a un proceso revolucionario que marcaría la pauta para lo que sería la Guerra Civil de 1936. La desigualdad inicial de fuerzas fue verdaderamente extraordinaria. Los sublevados contaban con un ejército de unos treinta mil mineros bien pertrechados gracias a las fábricas de armas de Oviedo y Trubia. Aunque la dirección de la insurrección fue llevada a cabo por miembros del PSOE como Ramón González Peña, Belarmino Tomás y Teodomiro Menéndez, una tercera parte de los insurrectos pudo pertenecer a la anarquista CNT. Sus objetivos eran dominar hacia el sur el puerto de Pajares para llevar la revolución hasta las cuencas mineras de León y desde allí, con la complicidad del sindicato ferroviario de la UGT, al resto de España, y apoderarse de Oviedo. Frente a los sublevados tan sólo había mil seiscientos soldados y unos novecientos guardias civiles y de asalto que contaban con el apoyo de civiles en Oviedo, Luarca, Gijón, Avilés y el campo.

La acción de los revolucionarios siguió patrones que recordaban trágicamente los males sufridos en Rusia y Finlandia durante sus respectivas guerras civiles. Los alzados comenzaron a detener e incluso a asesinar a gente cuyo único delito era su pertenencia a un segmento social concreto. Así, se quemaron y profanaron lugares de culto —incluyendo el intento de volar la Cámara santa de Oviedo— y se procedió al fusilamiento de religiosos. El día 7 de octubre, por ejemplo, la totalidad de los seminaristas de Oviedo —seis— fue pasada por las armas al descubrirse su presencia, siendo el más joven de ellos un muchacho de dieciséis años. Lo mismo sucedió con los ocho hermanos de las Escuelas cristianas y un padre pasionista que se ocupaban de una escuela en Turón, un pueblo en el centro de un valle minero, a los que se fusiló alegando que tenían una influencia indebida sobre los niños. Serían beatificados en 1990 y canonizados el 21 de noviembre de 1999. Formarían así parte del grupo de los diez primeros santos españoles canonizados por martirio.

La diferencia de medios existente entre los alzados y las fuerzas de orden hubiera podido ser fatal para la legalidad republicana de no haber tomado el 5 de octubre el ministro Diego Hidalgo la decisión de nombrar asesor especial para reprimir el alzamiento al general Francisco Franco. Una de las primeras medidas tomadas por Franco, a ejemplo de lo que había hecho Azaña tiempo atrás para acabar con los anarquistas sublevados, fue trasladar a las fuerzas africanas al lugar de la lucha. Así, legionarios y regulares desembarcaron en Gijón para marchar hacia Oviedo donde enlazaron con una pequeña columna que se hallaba al mando de Eduardo López Ochoa, uno de los conspiradores que había impulsado la proclamación de la República años atrás. El bloqueo de los puertos asturianos y la presencia del ejército de África significó el final de la revolución, pero aún fue necesaria otra semana más para acabar con los focos de resistencia de los insurrectos. De manera bien significativa, entre los oficiales que combatieron contra los sublevados del PSOE se hallaba el capitán Rodríguez Lozano, abuelo de José Luis Rodríguez Zapatero que sería décadas después presidente del Gobierno socialista en España.

El 16 de octubre de 1934, a unas horas de su derrota definitiva, el Comité provincial revolucionario lanzó un manifiesto donde volvía a incidir en algunos de los aspectos fundamentales de la sublevación:

> ¡Obreros: en pie de guerra! ¡Se juega la última carta!

Nosotros organizamos sobre la marcha el Ejército Rojo...

Lo repetimos: En pie de guerra. ¡Hermanos!, el mundo nos observa. España, la España productora, confía su redención a nuestros triunfos. ¡Que Asturias sea un baluarte inexpugnable!

Y si su Bastilla fuera tan asediada, sepamos, antes que entregarla al enemigo, confundir a éste entre escombros, no dejando piedra sobre piedra.

Rusia, la patria del proletariado, nos ayudará a construir sobre las cenizas de lo podrido el sólido edificio marxista que nos cobije para siempre.

Adelante la revolución. ¡Viva la dictadura del proletariado!

Durante la tarde del día 18, el socialista Belarmino Tomás negoció la capitulación con López Ochoa. La sublevación armada que, alzándose contra el Gobierno legítimamente constituido de la República, había intentado aniquilar el sistema parlamentario e implantar la dictadura del proletariado había fracasado en términos militares. El balance de las dos semanas de revolución socialista-nacionalista fue, ciertamente, sobrecogedor. Los revolucionarios asesinaron durante el tiempo que ejercieron el poder a un número de personas situado entre las 85 y las 115. Entre ellas se encontraban, según cifras perfectamente contrastadas, 28 religiosos o seminaristas, 43 militares y guardias, y 14 paisanos, siendo posible que el número de guardias asesinados ascendiera incluso a 70. Por su parte, las fuerzas gubernamentales dieron muerte a un máximo de 88 personas, de las que cuatro fueron fusiladas judicialmente. En combate murieron 256 miembros de las fuerzas de seguridad del Estado y del Ejército y hubo 903 heridos además de 7 desaparecidos. Entre los paisanos los muertos llegaron al medio millar. Como puede apreciarse, la propaganda de las izquierdas sobre una terrible represión desencadenada por las fuerzas de seguridad del Estado no se sostiene a la luz de las cifras señaladas.

Por lo que se refiere a los daños materiales ocasionados por los sublevados, afectaron a 58 iglesias, 26 fábricas, 58 puentes, 63 edificios particulares y 730 edificios públicos. A esto hay que sumar los destrozos en 66 puntos del ferrocarril y 31 de las carreteras.

Para las izquierdas, la sublevación implicó una sangría. Aparte de la derrota, ingresaron en prisión unas quince mil personas por su participación en el alzamiento armado, aunque, durante los meses siguientes, fueron saliendo en libertad en su mayor parte. Sin embargo, el mayor coste del alzamiento protagonizado por los nacionalistas catalanes, el PSOE, la CNT y, en menor medida, el PCE, fue político. Al recurrir a la sublevación armada, las izquierdas habían dejado de manifiesto que la república parlamentaria carecía de sentido para ellas, que no estaban dispuestas a aceptar el veredicto de las urnas si les resultaba contrario, que su objetivo era la implantación de la dictadura del proletariado —una meta no tan claramente abrazada por los nacionalistas catalanes— y que, llegado el caso, no dudarían en recurrir a la violencia armada para lograr sus objetivos. Sería precisamente el republicano Salvador de Madariaga en su conocida *España* el que levantara acta de lo que acababa de suceder con aquella revolución frustrada de 1934:

> El alzamiento de 1934 es imperdonable. La decisión presidencial de llamar al poder a la CEDA era inatacable, inevitable y hasta debida desde hace ya

tiempo. El argumento de que el señor Gil Robles intentaba destruir la Constitución para instaurar el fascismo era, a la vez, hipócrita y falso. Con la rebelión de 1934, la izquierda española perdió hasta la sombra de autoridad moral para condenar la rebelión de 1936.

La Guerra Civil no comenzó —como han alegado algunos autores— en octubre de 1934. Sin embargo, a partir de la sublevación socialista-nacionalista de 1934 quedó trágicamente de manifiesto que las izquierdas no respetarían la legalidad republicana y se acrecentó el miedo de las derechas a un nuevo estallido revolucionario que acabara con el sistema parlamentario y, exterminando a sectores enteros de la población, desencadenara una revolución cruenta.

Semejante realidad intentaría ocultarse —y legitimarse— haciendo referencia a un intento fascista de toma del poder. Semejante intento nunca existió, pero, por añadidura, las izquierdas sí que venían tramando su golpe de Estado desde que habían perdido las elecciones de 1933.

XVI

LA REPRESIÓN DEL FRENTE POPULAR FUE ESPONTÁNEA

Suele ser habitual encontrar en distintos autores expuesta la tesis de que durante la Guerra Civil se produjeron dos tipos bien distintos de represión. Uno de ellos habría sido oficial —el que tuvo lugar en la denominada zona nacional— mientras que el otro —en la zona del Frente popular— habría sido incontrolado y debido a la espontaneidad. La realidad histórica fue, trágicamente, muy distinta.

El alzamiento de julio de 1936 vino antecedido y precedido por diversos asesinatos perpetrados por las organizaciones del Frente popular. Si antes del estallido de la guerra, fuerzas cercanas al Gobierno y pertenecientes al PSOE y la masonería habían dado muerte a José Calvo Sotelo, el jefe de la oposición de las derechas, y comenzado a realizar detenciones de políticos derechistas, iniciado el conflicto no existió traba alguna para esa represión del adversario político. Estos asesinatos llevados a cabo por el Frente popular pusieron de manifiesto una serie de circunstancias de enorme trascendencia. La primera era que el marco constitucional —ya considerablemente erosionado desde el alzamiento socialista-nacionalista de octubre de 1934— había desaparecido totalmente para dar paso a un poder revolucionario que actuaba sin freno.

La segunda circunstancia —y en ello parecían coincidir lo mismo anarquistas y comunistas que socialistas y poumistas— era la convicción política de que era necesario aniquilar a un conjunto de segmentos sociales a los que ahora, con mayor o menor razón, se asociaba el alzamiento pero cuya destrucción se ansiaba desde mucho antes de julio de 1936. Como ya habían descubierto los bolcheviques en Rusia menos de dos décadas antes, los fusilamientos masivos, el exterminio expeditivo, la aniquilación física de los enemigos reales o supuestos eran posibles, pero exigían en multitud de casos una fase previa de identificación, detención e inmovilización. Instrumento esencial en esa industria del exterminio —que sería copiada y desarrollada por el nazismo durante el Holocausto a partir de 1939— fue la utilización de las checas. En realidad, no hubo una sola organización del Frente popular —de los republicanos a los anarquistas, del PSOE al PNV— que renunciara a organizar sus propias checas. A través de ellas, no sólo se garantizaba una participación activa en la revolución en marcha sino que además se disfrutaba de un medio privilegiado para imponer el pavor entre los posibles desafectos, para torturar y asesinar a los enemigos, e incluso para obtener fondos derivados del despojo de los detenidos.

Aunque su existencia se produjo en el conjunto del territorio controlado por el Frente popular, proliferaron de una manera absolutamente extraordinaria en ciudades como Madrid, Valencia o Barcelona donde el peso de las organizaciones de izquierdas era muy considerable. Tan sólo en Madrid, hubo no menos de doscientas veintiséis checas identificadas, relación en la que no se incluye el conjunto de los denominados puestos de las milicias de vigilancia de retaguardia que alcanzaron una cifra difícilmente inferior.

La elección de lugares para establecer las checas varió de unas organizaciones a otras. Socialistas, comunistas y anarquistas manifestaron una especial predilección por los lugares de culto católico y los conventos. Así, por citar algunos ejemplos, el partido comunista se apoderó para convertirlos en checas del convento de las Salesas reales de la calle de San Bernardo número 72, del convento de la plaza de las Comendadoras y de la iglesia de Santa Cristina.

La conducta de los anarquistas fue, en términos generales, diferente de la seguida por los comunistas. Ciertamente, fueron mucho menos comunes los casos de tortura y ensañamiento que caracterizaron a los comunistas. Sin embargo, no escasearon ni los saqueos ni los asesinatos.

Sin embargo, la acción de las checas no quedó limitada a partidos de izquierdas y sindicatos. De hecho, las autoridades republicanas fiscalizaron directamente algunas de las checas que tuvieron un especial papel en la tarea de represión. Ése fue el caso del Comité provincial de investigación pública (la denominada checa de Bellas Artes y también de Fomento) y las de la Escuadrilla del Amanecer, Brigada Ferrer, de Atadell, de la calle del Marqués de Riscal número 1, del palacio de Eleta, de la calle de Fuencarral, de los Linces de la República y de los Servicios especiales que dependían directamente del Ministerio de la Guerra. Esta situación inicial iría derivando a medida que avanzaba la guerra hacia una creación creciente de checas por parte de las autoridades republicanas y a una unificación administrativa que nunca fue completa y en la que el partido comunista fue adquiriendo un papel sobresaliente. Y es que resultaría injusto e inexacto atribuir esos desmanes a la labor de «incontrolados». En primer lugar, cada partido y sindicato del Frente popular era consciente de lo que estaba sucediendo en esos centros y lo consideraba lícito dentro de su especial cosmovisión. Sin embargo, más importante es el hecho de que las autoridades republicanas no sólo no pensaron en acabar con estas conductas sino que incluso se ocuparon de intentar coordinarlas para proporcionarles una mayor eficacia. Así, a inicios de agosto de 1936, se celebró en el palacio del Círculo de Bellas Artes una reunión decisiva que respondía a una convocatoria de Manuel Muñoz Martínez, director general de Seguridad. Muñoz Martínez no pertenecía a ninguno de los partidos que habían propugnado históricamente la revolución sino que era diputado de Izquierda republicana, la formación política de Manuel Azaña, y pertenecía a la masonería en la que ostentaba el grado treinta y tres habiendo optado a la elección de Gran Maestre nacional. De manera bien significativa, Ian Gibson se ha referido elogiosamente a él, cuando lo cierto es que el papel de Muñoz Martínez resultó esencial en la represión más despiadada. La reunión citada, a la que asistieron representantes de todos los partidos y sindicatos que formaban el Frente popular, tuvo un resultado de enorme relevancia ya que en el curso de la misma se acordó la constitución de un Comité provincial de investigación pública que, en coordinación con la Dirección general de Seguridad, iba a encargarse de las tareas de represión en la denominada zona republicana. El Comité en cuestión tendría entre otras competencias la de acordar las muertes que estimara convenientes.

El Comité provincial de investigación pública, formado por secciones o tribunales, contaba con representantes de todos los partidos y sindicatos del Frente popular, es decir, del PSOE, del PCE, de la FAI, de Unión republicana, del partido sindicalista, de Izquierda republicana, de la UGT, de la CNT, de las Juventudes socialistas unificadas y de las Juventudes libertarias. Hasta finales de agosto de 1936, el Comité funcionó en los sótanos del Círculo de Bellas Artes. En esas fechas, se trasladó a un palacio situado en el número 9 de la calle de Fomento, donde permaneció hasta su disolución en noviembre del mismo año.

Este traslado explica el nombre popular de checa de Fomento con el que fue conocido —y temido— el Comité.

La constitución del Comité implicó consecuencias de tremenda gravedad para el respeto a los derechos humanos en la zona controlada por el Frente popular. De entrada, su mera existencia consagraba el principio de acción revolucionaria —detenciones, torturas, saqueos, asesinatos— respaldándolo además con la autoridad del propio Gobierno del Frente popular y de la Dirección general de Seguridad que éste nombraba. De esa manera, los detenidos podían ser entregados por las autoridades penitenciarias o policiales al Comité sin ningún tipo de requisito quebrando cualquier vestigio de garantías penales que, tras varias semanas de matanzas, imaginarse pudieran. Por si esto fuera poco, la constitución del Comité no se tradujo en la disolución de las checas que actuaban en Madrid sino que les proporcionó, a pesar de su conocida actuación, una capa de legalidad ya que las convirtió en dependientes del citado Comité. La represión, pues, no sólo no era espontánea sino oficial y, por añadidura, se había convertido en parte esencial del Gobierno del Frente popular.

Partiendo de esas bases, no puede resultar extraño que motivos no políticos se sumaran a las razones de este tipo en la realización de las detenciones y de las condenas. Los interrogatorios se encaminaban desde el principio a arrancar al reo alguna confesión sobre sus creencias religiosas aparte de sobre sus simpatías políticas, circunstancias ambas que servían para incriminarlo con facilidad.

En el curso de este interrogatorio, el acusado no disfrutaba de ninguna defensa profesional e incluso era común que se le intentara engañar afirmando que se poseía una ficha en la que aparecía su filiación política. Como mal añadido, se daba la circunstancia de que los reos eran juzgados de manera apresurada y masiva, lo que facilitaba, sin duda alguna, la tarea de los ejecutores, pero eliminaba cualquier garantía procesal. Así, por citar un ejemplo significativo, durante el mes de octubre de 1936, un abogado llamado Federico Arnaldo Alcover, acudió al Comité para visitar a Arturo García de la Rosa, uno de los dirigentes de la checa. Alcover iba acompañado de un familiar de García de la Rosa y se le permitió asistir a uno de los procedimientos de interrogatorio. Pudo así comprobar que en el espacio de media hora se procedió a interrogar a una docena de personas formulando preguntas que dejaban de manifiesto los prejuicios de los chequistas. Concluidos los interrogatorios, sin que se tomara acta de lo actuado ni se procediera a la firma de la misma, se decidía la suerte de los acusados que, en su inmensa mayoría, fueron condenados a muerte y asesinados de madrugada. Alcover indicaría también que en el suelo del lugar donde se llevaban a cabo los interrogatorios se amontonaban multitud de objetos de culto religioso, lo que parece indicar las características personales de no pocos de los detenidos.

Los tribunales de la checa —seis en total con dos de ellos funcionando de manera simultánea— mantenían una actividad continua que se sucedía a lo largo de la jornada, en tres turnos de ocho horas, que iban de las 6 de la mañana a las 14 horas, de las 14 a las 22 y de las 22 a las 6 del día siguiente. En el curso de cada turno a los dos tribunales se sumaba la acción de un grupo de tres comisionados. De éstos uno se encargaba de la recepción y control de los detenidos, en compañía de dos policías; otro, registraba los objetos procedentes de las requisas realizadas en los domicilios y el último, de la administración del centro. La actividad, no ya de los tribunales pero sí de las brigadillas, era especialmente acusada durante la noche y la madrugada, que eran los períodos del día especialmente adecuados para proceder a los asesinatos de los reos.

Las sentencias dictadas por los diferentes tribunales carecían de apelación, eran firmes y además de ejecución inmediata. Esto se traducía en que, tras la práctica del interrogatorio, el tribunal tomaba una decisión que sólo admitía tres variantes: la muerte del reo, su encarcelamiento o su puesta en libertad. A fin de ocultar las pruebas documentales de los asesinatos, éstos se señalaban en una hoja sobre la que se trazaba la letra L —igual que en el caso de las puestas en libertad—, pero para permitir saber la diferencia a los ejecutores, la L que indicaba la muerte iba acompañada de un punto.

Una vez establecido el destino del reo, éste era entregado a una brigadilla de cuatro hombres bajo las órdenes de un «responsable». Todos los partidos y sindicatos del Frente popular contaban con representación en las diferentes brigadillas. Sin embargo, ocasionalmente las tareas de exterminio encomendadas a estas unidades eran demasiado numerosas y entonces se recurría para llevarlas a cabo a los milicianos que prestaban servicios de guardia en el edificio de la checa. Dado el carácter oficial del que disfrutaban los miembros de la checa, para llevar a cabo sus detenciones no precisaban, como indicaría un testigo, de «órdenes escritas de detención y registro, bastando su propia documentación de identidad para poder realizar tales actos.» De hecho: «la fuerza pública y Agentes del Gobierno del Frente popular [...estaban] obligados a prestar toda la cooperación que los Agentes del Comité de Fomento necesitasen».

Como ya se ha indicado, la relación entre los miembros de la checa y las autoridades republicanas era constante y se extendía no sólo al director de Seguridad sino también al ministro de la Gobernación Ángel Galarza. En el caso del director de Seguridad hay que señalar que era visitado casi a diario en la sede de la dirección por el tesorero de la checa, Virgilio Escamez Mancebo, miembro de Izquierda republicana, con la finalidad de hacerle entrega de una parte significativa del producto de los saqueos realizados en los domicilios de las víctimas. Esta cantidad no era total en la medida en que el propio director general de Seguridad había dispuesto que los haberes que debían entregarse a los jueces, agentes y milicianos de la checa debían proceder de los distintos saqueos. Los sueldos que se asignaron los chequistas fueron muy elevados y, a pesar de esa circunstancia, seguía existiendo una cantidad —que incluía, por ejemplo, las alhajas— que pasaba a las autoridades republicanas.

No faltaron los casos de asesinatos de grupos enteros de detenidos en claro preludio de lo que iban a ser las matanzas en masa de finales del año 1936. Así, el 28 y 31 de octubre de 1936 se llevaron a cabo dos sacas en el curso de cada una de las cuales se procedió a asesinar a setenta personas por acusaciones como las de querer ser seminarista.

También resulta obvio que la checa de Fomento sirvió en multitud de ocasiones para exterminar a aquellos que habían sido puestos en libertad por otras instancias judiciales. En otras palabras, ni siquiera la puesta en libertad por decisión judicial proporcionaba seguridad alguna de que el detenido por una checa no sería asesinado. Así, por citar un ejemplo, el 21 de septiembre de 1936, Francisco Ariza Colmenarejo —que era consciente de esta terrible circunstancia— suplicó al director general de Seguridad que no se procediera a liberarlo mientras las autoridades republicanas no garantizaran su seguridad. En respuesta a su petición, dos días después se expidió una orden de libertad en la que se hacía constar que gozaba del aval del Comité provincial de investigación pública. Entregado así a la checa de Fomento, un organismo oficial, recordémoslo, Ariza Colmenarejo fue inmediatamente asesinado.

Un caso similar fue el de los oficiales de asalto Gumersindo de la Gándara Marvella, Carlos Cordoncillo y Manuel López Benito. La libertad de los tres fue decretada por los organismos judiciales al no haber apreciado en ellos ninguna conducta hostil a la República. Sin embargo, la Dirección general de Seguridad procedió el 26 de septiembre de 1936 a entregarlos al Comité provincial de investigación pública, que procedió a darles muerte. En el caso de Gándara, concurría además una circunstancia peculiar que explica su asesinato. De hecho, el citado oficial había firmado un acta el 26 de febrero de 1933 en la que junto con otros cuatro capitanes indicaba que la represión que se había ejercido contra el alzamiento anarquista de Casas Viejas, Cádiz, no había obedecido a una extralimitación de las fuerzas del orden público —como afirmaba el Gobierno— sino a órdenes directas del ejecutivo presidido por Azaña. En el curso de un procedimiento celebrado aquel mismo año, un jurado popular estimó la existencia real de esas órdenes superiores e incluso llegó a presentarse una acusación en el Tribunal de garantías constitucionales contra Azaña, Casares Quiroga, Indalecio Prieto, Largo Caballero y otros miembros del Gobierno, acusación que no prosperó al no haber sido presentada por el Parlamento, que era la única entidad facultada para hacerlo. El tiempo había pasado, pero los responsables directos de la matanza de campesinos en Casas Viejas no habían olvidado. Gándara fue asesinado por la checa no porque hubiera sido desleal a la República sino por haber acusado tres años antes a Azaña y a Largo Caballero, es decir, a dos personajes que en el momento de su muerte eran respectivamente el presidente y el jefe de Gobierno de la zona republicana. No fueron las únicas víctimas de desavenencias anteriores con Azaña o Largo Caballero.

Otro ejemplo es el del juez Salvador Alarcón. El 20 de marzo de 1935, se había celebrado en las Cortes un debate político relacionado con el asunto del alijo de armas del *Turquesa* al que nos referimos en el capítulo anterior al examinar el alzamiento de las izquierdas en 1934. En el curso del mismo, Azaña se refirió al juez Salvador Alarcón —que había instruido el sumario y ante el que había tenido que comparecer el diputado— en términos injuriosos. Señalado en un suelto de *Claridad*, Alarcón fue ahora detenido por chequistas y asesinado en la Casa de Campo.

En el caso de personas que hubieran incomodado al socialista Largo Caballero y que fueran asesinadas pueden mencionarse al menos dos casos más. El primero es el de Ángel Aldecoa Jiménez, de cincuenta y ocho años, magistrado, que fue detenido porque había juzgado un atentado relacionado con Largo Caballero al parecer no de la manera que hubiera complacido al dirigente socialista. Aldecoa pagó su independencia judicial frente al PSOE con el fusilamiento. El segundo es el de Marcelino Valentín Gamazo. Fiscal general de la República, Gamazo acusó a Largo Caballero por los sucesos de octubre de 1934 en estricto cumplimiento de sus deberes dentro de la legalidad republicana. El 5 de agosto de 1936, un grupo de milicianos llegó a la casa de campo de Rubielos Altos donde residía Gamazo con su familia y tras realizar un registro y proceder a romper los objetos religiosos, comenzaron a golpearle delante de sus hijos pequeños a pesar de sus súplicas para que ahorraran a los niños aquel espectáculo. A continuación se lo llevaron y comunicaron su detención a Bujeda, Peña y Valeriano Casanueva, abogados del Estado con simpatías frentepopulistas, cursando los telegramas el delegado del Gobierno en Motilla del Palancar aquella misma tarde. A las doce y media de la noche, en el paraje conocido como Cerrajón del término de Tevar, Cuenca, Marcelino Valentín Gamazo y sus hijos José Antonio, Javier y Luis de 21, 20 y 17 años respectivamente fueron fusilados. Otro caso similar fue el de Luis Calamita Ruy-Wamba, rival político de Ángel Galarza que ahora ordenó su ingreso en prisión y después su traslado con destino al pelotón de fusilamiento. A la vista de estos casos, resulta obvio que el Gobierno republicano, a través de la Dirección general de Seguridad o de compañeros de partido, estaba impulsando el asesinato de gentes cuyo único delito eran sus ideas religiosas o antiguas antipatías de carácter personal.

Por si todo lo anterior fuera poco, los medios de ese Estado que había dejado de ser la República del 14 de abril —con todas sus limitaciones— para convertirse en una entidad abiertamente revolucionaria se pusieron al servicio de la represión en diversas manifestaciones de especial gravedad. A tal efecto no deja de ser claramente significativo que la secretaría técnica del director de Seguridad a cargo de José Raúl Bellido pusiera a disposición de las checas y milicias todos los datos que operaban en sus archivos para que procedieran con más facilidad a su tarea de represión.

La perversión jurídica —que no la espontaneidad— a que había llegado el estado revolucionario no puede, por lo tanto, resultar más evidente. Las instituciones estatales no sólo habían renunciado a garantizar los derechos de los detenidos sino que se ocupaban directamente de facilitar su asesinato. Incluso, en ocasiones utilizaron aquel nuevo orden revolucionario para saldar cuentas personales que afectaban a personajes tan significados como Azaña, Largo Caballero o Galarza.

Ejemplo de esta conducta fue, por ejemplo, la secretaría del director de Seguridad que organizó bajo su mando directo un grupo dedicado a realizar detenciones, incautaciones y ejecuciones, cuya sede se hallaba en la propia Dirección de Seguridad y que recibiría la denominación de Escuadrilla del Amanecer. Su celo, indudable desde luego, fue altamente apreciado por las autoridades frentepopulistas de tal manera que en octubre de 1936 se procedió al envío de tres de sus miembros a Albacete para estimular a una policía que no parecía lo suficientemente eficaz en las tareas represivas. En el curso de su acción, los chequistas de la Escuadrilla llevaron a cabo el asesinato de Consuelo Flores, vecina de Albacete, consignando después por escrito su responsabilidad en los hechos a la vez que señalaban que la revolución que se estaba viviendo justificaba la ausencia de formalismos legales. Los formalismos significaban, entre otras cuestiones, una orden de detención emitida por una autoridad judicial competente, un juicio justo e imparcial con derecho a defensa o el respeto a la integridad física y a la vida de la detenida.

La Escuadrilla del Amanecer no siempre actuó de manera autónoma y, de hecho, resultó habitual que colaborara con otras organizaciones represivas. Por ejemplo, en repetidas ocasiones no procedió al asesinato de los detenidos sino que los entregó con tal fin al organismo oficial conocido como la checa de Fomento o realizó actos similares en relación con checas anarquistas o comunistas.

Otro ejemplo de la relación directa existente entre las instituciones republicanas y las tareas de represión similar a los ya citados es el ofrecido por la Brigada de servicios especiales, creada en septiembre de 1936 y situada bajo la dependencia directa de Carlos de Juan Rodríguez, a la sazón subdirector general de Seguridad.

Esta oficialidad —que no espontaneidad— de la represión en la zona del Frente popular quedó también de manifiesto en checas que pertenecían a partidos y sindicatos. La creación de checas vinculadas directamente con los organismos de seguridad republicanos y en los que tenían representación todos los partidos y sindicatos del Frente popular debería haber bastado para que se produjera la disolución de las otras checas si no por criterios de humana decencia y de respeto a los derechos humanos más elementales sí, al menos, por razones de racionalidad represiva. Sin embargo, los diversos gobiernos del Frente popular no sólo no procedieron a la eliminación de las diversas checas que dependían de partidos y organizaciones sindicales que lo componían sino que permitieron su perpetuación como instrumentos si no oficiales, sí, al menos, oficiosos en la práctica del terror. Un ejemplo paradigmático de estas entidades represivas semiautónomas fue el de la denominada checa socialista de García Atadell. Sus orígenes se hallan en los nombramientos de agentes de policía que durante el mes de agosto de 1936 realizó el Gobierno del Frente popular y que recayeron de manera numéricamente muy significativa en afiliados al PSOE. Algunos de estos nuevos agentes de policía fueron agregados a la Brigada de investigación criminal en cuyo seno servían a las órdenes de Agapito García Atadell, un tipógrafo del PSOE estrechamente relacionado con Indalecio Prieto. Los efectivos de García Atadell se trasladaron a un hotel incautado sito en el número 1 de la calle Martínez de la Rosa. La checa —que adoptó el nombre oficial de Milicias populares de investigación— contaba con cuarenta y ocho agentes, todos ellos nombrados por el Gobierno del Frente popular. Su segundo jefe era Ángel Pedrero García y sus jefes de grupo, Luis Ortuño y Antonio Albiach Chiralt.

Las fuerzas de García Atadell estaban orgánicamente insertas en los mecanismos represores del Gobierno y fueron objeto de cálidas alabanzas en la prensa de la zona controlada por el Frente popular. Por añadidura, la checa contaba para sus tareas represivas con la colaboración de la Agrupación Socialista Madrileña y de la representación del PSOE en el Parlamento. De hecho, no fueron raras las visitas a la checa por parte de autoridades socialistas, como el ministro Anastasio de Gracia, para felicitar a sus miembros por las tareas que llevaban a cabo. Esta identificación no resulta extraña por cuanto la checa socialista de García Atadell se encargó en distintas ocasiones de asesinar a personas con las que tenían enemistad distintos dirigentes del PSOE. Tal fue el caso de la periodista francesa Carmen de Bati detenida por la checa de García Atadell siguiendo las órdenes del ministro socialista de Gobernación, Ángel Galarza o el de Luis Calamita y Ruy-Wamba, que se había enfrentado políticamente en el pasado con el mismo ministro del PSOE y que por orden expresa del director de Seguridad de 14 de septiembre de 1936 fue detenido y, posteriormente, asesinado.

La checa de García Atadell demostró una eficacia extraordinaria a la hora de realizar incautaciones de bienes económicos y detenciones. La razón de esa efectividad residió fundamentalmente en la abundante información que sobre las identificaciones religiosa y política proporcionaba a la checa la organización sindical socialista de los porteros de Madrid. Convertidos en una eficaz red de delatores, no siempre guiados por razones políticas o sociales, los porteros socialistas informaban a un comité de miembros de la checa formado por compañeros de ocupación sobre aquellas personas a las que había que detener por razones tales como ser católicos practicantes, conservar en su casa una imagen religiosa, no ser afectos al Frente popular o simplemente contar con haberes codiciables. Por supuesto, los porteros socialistas aprovecharon su situación privilegiada para ajustar cuentas con aquellos vecinos a los que detestaban o simplemente envidiaban.

El número de asesinados por la checa socialista de García Atadell fue muy numeroso llevándose a cabo las muertes por parte de agentes de la denominada brigada después de trasladar a los detenidos a la Ciudad universitaria y otros lugares situados a las afueras de Madrid.

La checa socialista de García Atadell tuvo un final rápido y ciertamente inesperado. A finales de octubre de 1936, su dirigente, acompañado de dos chequistas llamados Luis Ortuño y Pedro Penabad, decidió abandonar Madrid con todo el dinero y las alhajas que pudo llevar consigo. Con la excusa de que iban a realizar un servicio de contraespionaje, los tres socialistas embarcaron en dirección a Marsella. Una vez en territorio francés, García Atadell y sus cómplices procedieron a vender los brillantes que llevaban consigo y adquirieron un pasaje rumbo al continente americano. La noticia no tardó en saltar a la luz pública y la misma prensa que había incensado hasta ese momento a los chequistas procedió ahora a calificarlos de traidores y a asegurar que habían sido detenidos en Francia a consecuencia de un servicio extraordinario llevado a cabo por la policía republicana. La noticia era falsa salvo en lo referente al robo y fuga de los tres socialistas. Su detención no se produjo en Francia ni tampoco fue realizada por agentes extranjeros o republicanos. De manera inesperada, el barco que conducía a García Atadell y sus cómplices a América atracó en el puerto canario de Santa Cruz de la Palma a la sazón controlado por los enemigos del Frente popular. Tanto Agapito García Atadell como Pedro Penabad fueron detenidos por la policía nacional y se les trasladó a Sevilla, donde se les sometió a un proceso llevado a cabo por un tribunal militar. Hallados culpables de numerosos crímenes, fueron condenados a muerte y ejecutados.

De la impresionante marea represiva y la creación de organismos ad hoc para su puesta en funcionamiento que acompañó al estallido de la revolución frentepopulista no escaparon tampoco las fuerzas armadas. De hecho, el Ministerio de la Guerra del Frente popular creó de manera inmediata una checa propia que recibió el nombre de Servicios especiales de prensa y propaganda y que dependía de la segunda sección del Estado Mayor. Como en el caso de la denominada checa de Bellas Artes, entre sus efectivos se daba cita una representación de las diferentes fuerzas políticas que componían el Frente popular. De sus dos máximos dirigentes, Fernando Arias Parga y Prudencio Sayagües, el segundo formaba parte de los cuadros de las Juventudes de Izquierda republicana y de entre los ejecutores destacaban los hermanos Colinas Quirós, de filiación comunista. Incluso contó esta checa con la presencia de personajes novelescos como el capellán castrense Pablo Sarroca Tomás que colaboraba con Azaña desde 1932 y que había sido objeto de disciplina eclesiástica. Sarroca prestaba funciones de interrogador de los detenidos a los que, so pretexto de llevarse a cabo operaciones de contraespionaje, se eliminaba por el simple hecho de no ser afectos al Frente popular.

También fruto no de la espontaneidad sino de la acción de las propias autoridades de orden público fue el único episodio que, en puridad, puede calificarse de genocidio durante la Guerra Civil: las matanzas llevadas a cabo en Paracuellos del Jarama y otras localidades cercanas a Madrid. A ellas hemos dedicado una monografía en la que se incluía la propia documentación soviética que atribuía toda la responsabilidad al joven Santiago Carrillo y a esa obra nos remitimos sin detenernos aquí en más detalles.

La represión institucional llevada a cabo por el Frente popular no desapareció después de los primeros meses de la contienda ni tras la caída de Largo Caballero, el socialista al que debe atribuirse gran parte de la responsabilidad por el estallido de la Guerra Civil. De hecho, el 6 de agosto de 1937, siendo el socialista Prieto ministro de Defensa, se creó por decreto el Servicio de Investigación Militar o SIM. Aunque inicialmente la jefatura del SIM fue desempeñada por Prudencio Sayagües, antiguo dirigente de la FUE y miembro de Izquierda republicana, no tardaron en sucederle personajes vinculados directamente con el PCE como fue el caso de Gustavo Durán.

Aunque teóricamente el SIM era un servicio dedicado a tareas de inteligencia relacionadas con la guerra, ejerció desde el principio labores de represión que, como en el caso de las checas, facilitaban la corrupción de los agentes al poner en sus manos la posibilidad de incautarse sin control de todo tipo de bienes. No deja de ser significativo que el segundo jefe del SIM, Manuel Uribarri Barrutell, se fugara en 1938 a Francia con una fortuna en metales preciosos y joyas que procedían de sus acciones al mando de la institución.

El radio de acción del SIM acabó por englobar las acciones del anterior Departamento Especial de Información del Estado (DEDIDE). Del SIM dependían no sólo checas enclavadas en distintas ciudades sino una red de campos de concentración que se hicieron tristemente célebres por los malos tratos dispensados a sus reclusos. Al respecto, no resultan sólo escalofriantes los testimonios de antiguos reclusos sino también los de combatientes del Frente popular a los que no les quedó oculto el carácter de aquellas checas. En ellas, a formas de tortura ya conocidas, no tardaron en sumarse otras de especial sofisticación traídas por los asesores soviéticos y entre las que se incluían el uso de la electricidad, la reclusión en lugares de reducidísimas dimensiones e incluso la utilización de colores y figuras que sirvieran para quebrar psicológicamente al detenido. La descripción realizada al respecto por el anarquista José Peirats en su obra *La CNT en la revolución española*, no deja lugar a dudas del carácter de las checas del SIM:

> ... las checas del SIM eran tenebrosas, instaladas en antiguas casas y conventos. El régimen de torturas que se aplicaba era el procedimiento brutal: palizas con vergajos de caucho, seguidas de duchas muy frías, simulacros de fusilamiento y otros tormentos horrorosos y sangrientos. Los consejeros rusos modernizaron esta vieja técnica. Las nuevas celdas eran más reducidas, pintadas de colores muy vivos y pavimentadas con aristas de ladrillo muy salientes. Los detenidos tenían que permanecer en pie continuamente, bajo una potente iluminación roja o verde. Otras celdas eran

estrechos sepulcros de suelo desnivelado, en declive... los recalcitrantes eran encerrados en la «cámara frigorífica» o en la «caja de los ruidos» o atados a la silla eléctrica. La primera era una celda de dos metros de altura, en forma redondeada; al preso se le sumergía allí en agua helada, horas y horas, hasta que tuviese a bien declarar lo que se deseaba. La «caja de los ruidos» era una especie de armario, dentro del cual se oía una batahola aterradora de timbres y campanas. La «silla eléctrica» variaba de la empleada en las penitenciarías norteamericanas en que no mataba físicamente.

La situación no mejoró tras la caída de Prieto y la subida al poder de Negrín. Éste, el 9 de diciembre de 1937, presentó un proyecto de decreto por el que disponía la creación del Consejo de defensa y garantía del Régimen cuya misión era «perseguir a sus adversarios». La propuesta fue aprobada y se publicó el 16 de diciembre en la *Gaceta*.

La actividad represiva no fue escasa, desde luego, a partir de 1937 cuando se suponía que, tras las grandes matanzas de noviembre y diciembre de 1936, apenas podrían quedar enemigos del Frente popular que abatir. Por el contrario, se amplió considerablemente a las fuerzas de izquierdas no sometidas al PCE e incluso a los que se consideraba meramente derrotistas o desafectos.

En mayo de 1937, por ejemplo, se llegó a asaltar el consulado de Perú conculcando el principio de inviolabilidad diplomática. El episodio, protagonizado por Wenceslao Carrillo, padre del responsable de las matanzas de Paracuellos, con la excusa de que en la legación había una emisora de radio que pasaba información a las fuerzas de Franco, se saldó con la detención de más de trescientos refugiados españoles y de unos sesenta peruanos. La acusación era falsa puesto que el único aparato de radio existente en la legación era un receptor. Con todo, dieciocho de los refugiados fueron llevados a la prevención de la Dirección general de Seguridad en la ronda de Atocha donde fueron sometidos a torturas. De Atocha, los detenidos fueron trasladados a San Antón y, posteriormente, a la cárcel celular de Valencia juzgándoseles en esta ciudad y condenándoseles a muerte. El comportamiento de las autoridades republicanas había resultado tan contrario a los principios más elementales del derecho internacional que el Gobierno de Perú acabó rompiendo relaciones diplomáticas con España el 17 de marzo de 1938. Se hizo cargo entonces de su legación la embajada de Chile pero ni siquiera esa circunstancia evitó que el 15 de julio de ese año volvieran a ser asaltados los locales de la legación peruana.

En la actualidad, a nadie se le escapa el enorme valor que para preservar la libertad —o para acabar con ella— tienen las emisoras de radio. En un peldaño más de la escalada hacia el control absoluto de la sociedad, el 27 de mayo de 1937 un decreto de la Presidencia del Gobierno estableció la incautación de todas las emisoras de radio, fueran o no de particulares y se encontraran o no en servicio. La radiodifusión quedaba totalmente sometida al arbitrio del Gobierno del Frente popular decretando una orden dictada al día siguiente según la cual en el plazo de cuarenta y ocho horas todos los propietarios debían declarar al Gobierno sus estaciones a la vez que se prohibía la venta de material radiofónico.

Con todo, posiblemente la medida de mayor importancia en esos momentos de la revolución fue el decreto de 22 de junio de 1937 contra el derrotismo. Ya en octubre de 1936, otro decreto había creado la figura del desafecto, un delito no tanto ya de opinión como de actitud que podía ser castigado y que, por su propia definición, daba lugar a todo tipo de arbitrariedades. La nueva norma, promulgada el mes siguiente a los sucesos de mayo, puso en manos de las fuerzas represivas prácticamente un cheque en blanco que recordaba sospechosamente las formulaciones legales del código stalinista vigente en la Unión Soviética.

El artículo séptimo del decreto de 22 de junio de 1937 establecía así, por ejemplo, lo que era derrotismo:

> Segundo. Difundir o propalar noticias o emitir juicios desfavorables a la marcha de las operaciones de guerra o el crédito y autoridad de la República en el interior o en el exterior, difundir las noticias del enemigo o favorecer sus designios, tal como emitir juicios favorables a la rendición de una plaza o a la conveniencia de pactar con los rebeldes.
>
> [...]
>
> Cuarto. Los actos o manifestaciones que tiendan a deprimir la moral pública o desmoralizar al Ejército o a disminuir la disciplina colectiva.

De la mera lectura del texto citado cabe desprender hasta qué punto resultaba un riesgo innegable el dejar de expresar un entusiasmo absoluto hacia la política de un Gobierno que, hasta el momento, no había dejado de retroceder en términos militares y cuyos representantes habían estado implicados directamente en la realización de asesinatos en masa. Dado que las penas iban de los seis años y un día a la pena de muerte y que se estimulaba la acción de los delatores (art. 11) puede imaginarse el carácter de arbitrariedad anejo a esta norma y el peligro en que vivían millones de personas de ser detenidos o muertos. Por si todo lo anterior fuera poco, se llegó, violando los principios más elementales del derecho penal, a castigar acciones que no eran delitos en el momento de su comisión. Así, por ejemplo, centenares de empleados de Telefónica, Correos, el Ayuntamiento de Madrid, los juzgados, entidades bancarias o la Guardia Civil que habían sido depurados en los primeros meses de la guerra se convirtieron ahora en reos de desafección o derrotismo e incluso acabaron siendo asesinados. No llama, por lo tanto, la atención la manera en que a partir de ese momento se articularon distintos procesos masivos en los que, supuestamente, se juzgaba a extensas redes de espías.

Los grandes procesos que se desarrollaron a partir del verano de 1937 —en más que sospechosa coincidencia con los que se producían allende las fronteras españolas en Moscú o dentro de la España controlada por el Frente popular contra el POUM— tuvieron una serie de características comunes. En todos ellos, se insistió en la existencia de fabulosas y omnipresentes redes de espías (uno de los grandes argumentos instrumentalizados por Stalin para llevar a cabo las grandes purgas), se les dotó de notable publicidad y quedaron de manifiesto graves irregularidades. Al respecto hay datos que resultan bien elocuentes. Por ejemplo, en el asunto denominado de los ciento noventa y cinco, presentado como un golpe colosal asestado contra una inmensa organización falangista que actuaba de manera clandestina en Madrid, finalmente cerca de treinta de los acusados fueron absueltos mientras que en la mayoría de los condenados resulta difícil ver mucho más que actitudes derrotistas y hay que ser muy imaginativo para encontrarse con espías en un sentido literal del término.

Para las autoridades del Frente popular, no bastaba, sin embargo, con esas medidas represivas. Así, el 28 de enero de 1938, un grupo de agentes del SIM y de la policía irrumpieron en la legación de Turquía, sita en la calle de Zurbano número 21, y, violando los principios más elementales del derecho internacional, procedieron a llevarse a las personas que se encontraban allí refugiadas y que sumaban un total de 180 asilados de los que 40 eran mujeres. A tan graves comportamientos se añadieron además los maltratos causados al jefe de la misión turca, Koperler, y la acusación falsa de que las fuerzas de orden público habían sido agredidas desde el interior de la legación. Para dar base a esta última acusación, los agentes del SIM llegaron incluso a colocar armas en las dependencias de la legación.

El destino de los refugiados a los que el SIM había privado de asilo fue ciertamente trágico. Tras pasar por las dependencias del SIM y del Ministerio de la Guerra acabaron en el barco prisión *Villa de Madrid*, anclado en el puerto de Barcelona. Con posterioridad, las reclusas serían trasladadas a la cárcel de Les Corts.

El año 1938 resultó decisivo en términos militares —comenzó con la victoria de Franco en Teruel y concluyó con la del Ebro y la campaña de Cataluña— y no resulta extraño que semejante circunstancia repercutiera en el apartado de la represión en la zona controlada por el Frente popular. La deserción, el emboscamiento o el paso a la otra zona huyendo de la que se consideraba ya derrotada eran conductas que se habían producido desde el verano de 1936, pero que ahora se iban a acentuar. Sin embargo, ni el aumento de las detenciones ni la desarticulación de algunos grupos que facilitaban el paso al otro lado pudieron evitar los efectos erosivos que las derrotas continuadas estaban ocasionando en la zona controlada por el Frente popular. El 2 de junio de 1938, una orden del Ministerio de Defensa llegó a establecer la persecución legal de las familias de los desertores. De las causas por derrotismo ventiladas por los tribunales de Madrid, el 70 por ciento fueron juzgadas en 1938. No puede negarse a la luz de ese dato que los mecanismos de represión controlados ya en buena medida por el PCE funcionaban con una notable intensidad motivada por el deseo de acabar con la disidencia en la retaguardia, una disidencia —no lo olvidemos— que a esas alturas ya no se limitaba a las personas ajenas al Frente popular.

Da la sensación de que si la España del Frente popular se venía abajo, las razones no sólo eran militares. De hecho, para no pocos personajes históricos de las izquierdas el creciente control del PCE era causa más que suficiente para ser profundamente pesimistas en relación con el porvenir. Esta circunstancia sirve por sí sola —aunque, sin duda, también pesó la certeza de que la derrota se hallaba cerca— para explicar una cierta suavización en la acción de los tribunales republicanos durante el año 1938. Al respecto, de los procesos seguidos contra los derrotistas se pueden extraer datos altamente significativos. Durante el primer trimestre de 1938, el 87,5 por ciento de los acusados por derrotismo fue condenado. Entre julio y septiembre del mismo año, el número de condenados descendió al 36,5 por ciento y, finalmente, en el curso del último trimestre de 1938 las condenas descendieron al 14,75 por ciento. Los últimos meses de la guerra, ya en 1939, las condenas por derrotismo se desplomaron hasta un 10 por ciento de los encausados. El SIM continuaba sin ningún género de dudas ejerciendo una represión que no disminuía, pero la administración de justicia no tenía voluntad ni de secundar al completo sus planes ni de verse arrastrada en una caída que cada vez parecía más inminente.

El cuadro de este breve examen de la labor represiva llevada a cabo por el Frente popular no puede ser más claro. Por supuesto, hubo asesinatos y brutalidades de carácter incontrolado en la denominada zona republicana, pero lo cierto es que la represión más cruenta fue llevada a cabo por las propias autoridades del Frente popular. El asesinato, el saqueo y la tortura derivaron directamente de las instancias administrativas de la República y de los partidos y sindicatos del Frente popular. No sólo eso. La represión no solamente no desapareció a medida que avanzaba la guerra sino que siguió perpetuándose como algo indispensable para el triunfo de la Revolución dotada incluso de un carácter que podríamos denominar científico. Afirmar lo contrario —que sólo hubo una represión espontánea— puede ser una forma de propaganda más o menos brillante, pero choca frontalmente con la verdad histórica.

XVII

EL PNV FUE UN PARTIDO LEAL AL FRENTE POPULAR

Ha sido común durante décadas insistir en que el Partido Nacionalista Vasco (PNV) fue leal al Frente popular. Dado el carácter católico del PNV, esa circunstancia, supuestamente serviría incluso para desmentir el carácter anticlerical del Frente popular. Sin embargo, la realidad fue muy diferente.

El estallido de la Guerra Civil española en julio de 1936 colocó al PNV en una situación especialmente delicada. Por un lado, su catolicismo chocaba con el anticlericalismo militante del Frente popular; por otro, su carácter independentista —incluso racista— impedía que se sumara de corazón a unos sublevados angustiados por la idea de la disgregación de la integridad territorial de España. Esas circunstancias provocaron una reacción totalmente contradictoria en el seno del partido nacionalista —en Álava y Navarra apoyó el alzamiento mientras que en Vizcaya y Guipúzcoa respaldó al Frente popular— y un doble cortejo por parte de los alzados y del Frente popular. Así, mientras el general Mola tardó unos meses en proceder a la ilegalización del PNV y sus entidades a la espera de que, formalmente, se sumaran a la rebelión, el Gobierno del Frente popular aceleró el proceso de concesión del denominado Estatuto de Euzkadi.

Durante los primeros meses de la guerra, al centrarse las operaciones en la marcha de los rebeldes sobre Madrid, la zona de las Vascongadas controlada por el PNV se vio apartada del conflicto. Semejante situación cambió de manera dramática cuando Franco decidió cambiar el eje de la guerra de Madrid al norte. El Gobierno del Frente popular se volcó en la defensa de Vizcaya, pero ni siquiera la ofensiva de Brunete ideada como una maniobra de diversión para impedir su caída sirvió para retrasar la victoria de Franco en este frente unas semanas.

La entrada de los nacionales en Bilbao tuvo una importancia fundamental tanto en el terreno ideológico como en el militar. En el primer caso, tras producirse, la jerarquía católica podía expresarse aún con más claridad en favor del bando nacional ya que los católicos vascos prácticamente habían dejado de existir como adversarios de los alzados. Así lo hizo efectivamente el 1 de julio de 1937 en la denominada *Carta colectiva* del episcopado español. Desde un punto de vista militar, la caída de Bilbao significó que la costa norte se viera bloqueada, a la vez que las autoridades del Frente popular no disponían de Marina o aviación para aprovisionar Santander y Gijón. Su situación, por lo tanto, en estos lugares se convertía en desesperada en términos estratégicos.

Un PNV leal habría decidido mantener a sus fuerzas al lado del Frente popular que tanto lo había favorecido, por ejemplo, entregándole el gobierno de las Vascongadas. Sin embargo, desde antes de la caída de Bilbao, el PNV ya había comenzado los contactos con el enemigo para llegar a un acuerdo por separado y a espaldas del Frente popular. Caída Vizcaya, esa meta se convirtió en urgente.

Ignorante de las intrigas clandestinas del PNV, el general Gámir Ulibarri, comandante en jefe de las fuerzas del Ejército popular en el norte, no se había dado por vencido e intentaba llevar a cabo su reorganización. Así las agrupó en cuatro cuerpos de ejército —XIV, XV, XVI y

XVII— de los que los dos primeros, vasco y santanderino respectivamente, debían defender Santander. Sus unidades, divididas en dos grandes masas, se orientaban hacia el este, cubriendo el frente situado entre Castro-Urdiales y Villaverde de Trucios, y hacia el sur, ocupando el saliente que, en la zona del Alto Ebro, dibuja el límite de la provincia con las de Burgos y Palencia. Su intención era retrasar al enemigo y obligar a Franco a detener su avance en el invierno. Llegados a ese punto, Gámir contaba con acciones desde el sur que impidieran la caída total del norte. Naturalmente, para que todo esto pudiera producirse, resultaba esencial que las tropas republicanas que defendían la zona endurecieran al máximo su resistencia.

Consciente de que el mayor obstáculo para la puesta en práctica del plan de defensa del Ejército popular lo constituía la actitud de los nacionalistas vascos, Gámir ordenó la reagrupación de las fuerzas vascas sin tener en cuenta su filiación política. La respuesta del Euzkadi Buru Batzar del PNV —que a esas alturas ya estaba en tratos con los italianos para firmar una paz por separado— fue insistir en que debían ser los nacionalistas los que reorganizaran los batallones. Gámir desconocía las conversaciones que los nacionalistas vascos mantenían con enviados del Duce y aceptó su propuesta aunque insistiendo en que la reorganización debía ser llevada a cabo en el plazo de quince días. La respuesta de los nacionalistas fue exigir de Gámir que sus tropas fueran desplegadas en una línea del frente que mirara hacia Euzkadi. De nuevo, el general republicano accedió a las pretensiones de los nacionalistas vascos y la mayor parte de las unidades de éstos se concentraron en la zona situada entre Solares y la costa de Carranza.

Mientras tanto las conversaciones de los nacionalistas

vascos con el enemigo —con importante mediación de la Santa Sede— habían proseguido a buen ritmo. El 5 de julio, Mussolini envió a Franco un telegrama en el que le sugería la posibilidad de que los nacionalistas vascos se rindieran por separado a las fuerzas italianas. A cambio de que aquéllos fueran colocados bajo custodia italiana, se habría conseguido mermar de manera importante las fuerzas enemigas, evitar el derramamiento de sangre, conseguir una victoria y acelerar la conclusión de la guerra. Franco contestó de manera favorable al mensaje del Duce aunque manifestó sus dudas de que la rendición de los nacionalistas vascos produjera por sí sola el hundimiento del frente.

El 23 de julio, el representante de los nacionalistas vascos Julio Jáuregui se entrevistó en Hendaya con un enviado del Ejército nacional. Supo así que a cambio de una rendición de los nacionalistas vascos, Franco estaba dispuesto a permitir que sus dirigentes marcharan al exilio y a que no hubiera represalias contra los soldados que se rindieran. Por lo que se refería a los italianos, también prosiguieron los contactos. En el curso de los mismos, los nacionalistas vascos afirmaron que si no se habían rendido antes se había debido al temor de que no se lo permitieran las fuerzas republicanas de Santander, pero que ahora la situación era distinta. Entre los puntos en que se llegó a un acuerdo estaba uno de especial relevancia: «los vascos no lucharían, sino que se mantendrían en situación defensiva, sin abandonar tampoco el frente... o sea sin prestar ninguna colaboración al resto del Ejército del Norte». A cambio de este comportamiento, «los italianos se comprometerían, a su vez, a dejar libre el mar para la entrada de barcos con víveres, los cuales a su salida podrían evacuar la población civil vasca».

La conducta de los nacionalistas vascos —que, en puridad, sólo puede ser calificada de alta traición contra las fuerzas del Frente popular que combatían en Vizcaya y el resto de España— llegó a su extremo al señalar a los italianos incluso el punto por donde debían llevar a cabo el ataque contra los ejércitos republicanos que defendían Santander. Como indicaría un documento interno del PNV: «El Ejército de Franco y las tropas legionarias italianas para tomar Santander no atacarán por el frente de Euzkadi [... desarrollarán] su ofensiva por Reinosa y el Escudo para ocupar Torrelavega y Solares, los dos puntos estratégicos de las comunicaciones con Santander y Asturias, y de esta manera copar al Ejército de Euzkadi en su demarcación territorial.»

Los gudaris capturados de esta manera serían trasladados por barco al extranjero y, caso de no ser posible la huida de todos, los restantes quedarían en campos de concentración italianos comprometiéndose Italia «a que ningún gudari vasco rendido tomase más las armas mientras durase la guerra». De acuerdo con lo pactado, el día 31 de julio, los nacionalistas vascos se rendirían a los italianos.

Sin embargo, si aquéllos estaban dispuestos a concluir la guerra, el Estado Mayor del Ejército republicano del Norte tenía el propósito de continuar la lucha. Con tal finalidad, preparó el desencadenamiento al mismo tiempo de dos ofensivas, una que se lanzaría sobre el frente de Oviedo —una bolsa nacional en medio de la Asturias republicana— y otra contra la ermita de Kolitza. Aquellas acciones echaban por tierra los planes de los nacionalistas vascos para lograr una paz por separado y, por ello, su oposición resultó fulminante y encarnizada. Sin embargo, pese a argüir todo tipo de objeciones —el supuesto antivasquismo de los mandos republicanos, la falta de preparación de las unidades vascas, etc.— el Estado Mayor, decidido a combatir, no transigió en esta ocasión. La respuesta de los nacionalistas vascos fue entonces el sabotaje. Como, años después, indicarían los nacionalistas vascos Lejarzegui y Ugarte en un informe presentado ante la dirección del PNV, «la operación [contra la ermita de Kolitza] se inició pero, preparados oportunamente nuestros batallones de hacer que hacían y no hacer nada, fracasó...».

Algo similar sucedió en relación con la ofensiva de Asturias. Al final, antes de que pasaran veinticuatro horas desde el inicio de los ataques republicanos, los mismos estaban condenados al fracaso por el comportamiento de los nacionalistas vascos. Como señalaron en el mencionado informe Lejarzegui y Ugarte: «Al día siguiente [de iniciarse la ofensiva de Kolitza] se pretendió seguir la operación, pero nosotros nos opusimos a ello decididamente, y pasara lo que pasara dimos orden a nuestros batallones para que no actuasen, cumpliéndose la misma y haciendo fracasar totalmente los intentos de lucha.»

Las instrucciones cursadas al mismo tiempo a las unidades vascas a fin de que «empleasen los medios más radicales para desacatar los dictados del Estado Mayor» anularon cualquier posibilidad de disciplina. Un día antes, el 31 de julio, el PNV había dirigido a las autoridades del Frente popular un escrito en el que se manifestaba en contra de llevar a cabo estas ofensivas. El 2 de agosto, la ofensiva del Ejército popular contra Oviedo hubo de ser suspendida. El destino de Santander quedó así sentenciado.

Aunque el 31 de julio no se pudo llevar a cabo la entrega de las fuerzas nacionalistas vascas a las del Duce, las conversaciones entre ambas partes no se interrumpieron. Mientras tanto, el Ejército nacional se preparaba para lanzar una ofensiva sobre Santander que —no era extraño— seguía las indicaciones propuestas por los emisarios del PNV a los italianos. La intención de aquélla era estrangular, primero, el saliente del Alto Ebro, entre los Puertos del Escudo y de Reinosa, y avanzar inmediatamente sobre Santander por las dos carreteras que descienden desde los puertos mencionados. De esta manera, se podría tomar de revés a las fuerzas adversarias que estaban en el este de la provincia y de las que se sabía que no presentarían resistencia.

La ofensiva se inició el 14 de agosto y, ya en el primer día, las fuerzas italianas pudieron avanzar treinta kilómetros sin encontrar apenas resistencia. Sólo el batallón vasco de Munguía resistió a los italianos, una excepción que no abortó las negociaciones para una paz por separado. El 15, los batallones vascos se hallaban ya muy cerca de los puntos en que se había convenido la entrega a los italianos. El 17, las fuerzas atacantes habían alcanzado sus primeros objetivos. Tomados Reinosa y el Puerto del Escudo, se estableció enlace entre las agrupaciones segunda y tercera sobre la carretera transversal de Reinosa a Corconte y así quedó cerrada la bolsa del Alto Ebro.

Toda orden de repliegue hacia Asturias cursada por el Mando del Ejército popular de la República fue desobedecida conscientemente por las unidades nacionalistas vascas. El 23 de agosto, a las cinco de la mañana, éstas habían incurrido en rebelión armada contra el mando republicano. Su consigna era que debían obedecer sólo las órdenes emanadas del Euzkadi Buru Batzar. A la vez que procedían a la liberación de dos mil quinientos presos recluidos en la cárcel de Santoña, el comandante local vasco, ridículamente, proclamó la «República independiente de Euzkadi».

Al día siguiente, mientras la I Brigada de Navarra alcanzaba Torrelavega y, tras adelantarse al puente de Barreda, cortaba en ese punto todas las comunicaciones republicanas hacia el oeste, dos oficiales nacionalistas vascos pasaron a las líneas italianas para negociar la rendición. Se entrevistaron así con el general Piazzoni de las «Flechas negras» y el 26, las unidades nacionalistas vascas de la zona Laredo-Santoña se rindieron finalmente a los italianos. Dos días después, el general Roatta colocó bajo su protección a los dirigentes nacionalistas vascos y les garantizó que les ayudaría a pasar a Francia incluso aunque tuviera que recurrir al empleo de barcos italianos.

De momento, las fuerzas de Franco estaban demasiado ocupadas en perseguir a los restos del Ejército popular que quedaban en Santander como para entretenerse en cuestiones como el destino de los nacionalistas vascos. El 1 de septiembre, las unidades nacionales alcanzaron el puente de Unquera por la carretera de la costa. De esta manera Santander quedaba totalmente en sus manos. Tres días después, unidades del Ejército de Franco sustituyeron a las italianas en la custodia de los prisioneros vascos. Roatta se sintió humillado por aquella acción e incluso señaló que estaba dispuesto a dimitir. Sin embargo, aquella conducta distaba de ser inesperada. A inicios de julio, Franco había aceptado la propuesta de Mussolini de concluir una paz separada con los vascos, pero todo había quedado condicionado a una rendición rápida que evitara una campaña en Santander y el consiguiente derramamiento de sangre. Sin embargo, en opinión de Franco, los nacionalistas vascos no habían cumplido entonces con la palabra dada. De hecho, se habían limitado a retrasar el momento de la rendición hasta que ya no quedó posibilidad alguna de resistir. Esa conducta repleta de doblez había obligado a Franco a lanzar una ofensiva en la que el Ejército nacional había sufrido bajas y pérdidas materiales. Ahora los nacionalistas vascos no podían esperar un trato especial.

A pesar de todo, los nacionalistas vascos insistieron en prestar una colaboración indispensable para el triunfo de las fuerzas de Franco en Santander. Así, en el informe de Víctor Lejarzegui e Iñaki Ugarte se afirmó taxativamente:

> Podemos afirmar bajo palabra de vascos y cristianos que desde la retirada de Bilbao y hasta el presente, se ha actuado por lo que respecta a los batallones vascos y principalmente los nacionalistas, para la realización del convenio con Italia y sin permitir la menor resistencia con nuestros batallones. Sin ninguna jactancia y apelando a nuestra palabra antes citada afirmamos: Que de haber querido, la resistencia del Norte hubiera sido de tanta importancia como la de Euzkadi, en cuyo caso aunque mal resultado hubiéramos obtenido nosotros, el mismo resultado hubiera podido derivarse al enemigo por nuestra resistencia. Sabíamos nosotros y estábamos seguros de ello que si resistíamos hasta el mes de octubre, el Norte no se pierde, porque el invierno hubiera impedido al enemigo organizar sus ofensivas, pero fieles cumplidores de nuestra palabra y roto el compromiso moral con el Gobierno de Valencia por parte de las fuerzas nacionalistas, ya que nadie más que ellas negociaban dicho plan, queríamos buscar una salida visible a nuestro ejército y evitarle cuanto más mejor la pérdida de sus hombres, que mirando en nuestro sentido de pueblo, los necesitamos mucho y en esta inteligencia, la solución única era la «italiana», que al fin no se ha cumpli-

do y no por nuestra culpa. Dejamos todo ello en manos de Jaungoikua.

El PNV no había actuado ciertamente con lealtad. A decir verdad, había incurrido en una traición vergonzosa contra el Frente popular que le había entregado el estatuto de autonomía y el gobierno de las Vascongadas. Aquella traición no fue ciertamente baladí. Entre las consecuencias más importantes de la duplicidad desarrollada por los nacionalistas vascos, estuvieron la imposibilidad de contener a las fuerzas de Franco en Santander un tiempo similar al de Vizcaya. De esta manera, los nacionalistas vascos facilitaron su avance, la pérdida del Norte para el Frente popular y con ella la de la posibilidad de la victoria del Ejército nacional en el campo de batalla. El pago que los nacionalistas vascos recibieron por su traición fue, sin embargo, bien magro. Millares de ellos fueron encuadrados en las unidades de Franco de manera que combatirían en ellas hasta el final de la contienda. Roma, una vez más, no pagaba a traidores.

XVIII

NEGRÍN NUNCA SE SOMETIÓ A STALIN

Aunque el Dr. Negrín fue un personaje criticado acerbamente por sus compañeros socialistas y los miembros de otras fuerzas del Frente popular, se ha convertido en referencia constante de ciertos autores el presentarlo como un personaje independiente de la política soviética en España e incluso como un defensor de la independencia nacional frente a las acciones de Stalin. La realidad histórica fue muy diferente.

El estallido de la Guerra Civil se produjo cuando el partido más importante del Frente popular era, con notable diferencia, el PSOE. De manera nada sorprendente, el presidente del Gobierno del Frente popular pasó a ser ya en el verano de 1936 Francisco Largo Caballero, que tanto peso había tenido en provocar y preparar el alzamiento armado de 1934. A pesar de lo anterior, el peso del PSOE fue declinando desde finales de 1936 en virtud de una serie de circunstancias como fue el envío de material de guerra procedente de la Unión Soviética; la creación de las Brigadas internacionales por parte de Stalin y la mejor organización propagandística y política del PCE gracias al asesoramiento de agentes soviéticos. Antes de que concluyera el año, un ministro socialista, Juan Negrín, había enviado incluso a la Unión Soviética las reservas de oro del Banco de España que ya nunca serían recuperadas.

Los fracasos militares de Largo Caballero —fracasos ocultados por la propaganda— sirvieron para que el PCE fuera erosionando su papel y avanzando sus posiciones. Finalmente, en 1937, el PCE, con el impulso de los agentes de Stalin, se atrevió a dar jaque a Largo Caballero valiéndose de los denominados «sucesos de mayo» en Barcelona, un episodio en que el PSUC —un partido nacido de la absorción del PSOE por el PCE en Cataluña— pulverizó la influencia de la CNT, exterminó al POUM, un partido comunista independiente de Moscú, y se hizo con el poder real en la región. Sin embargo, por muy importante que fuera aquella victoria, resultó reducida en comparación con la caída de Largo Caballero y su sustitución por otro socialista, Indalecio Prieto, apoyado por los comunistas.

Prieto —que tanto había colaborado al alzamiento armado de 1934— se convirtió en ministro de la Guerra y comenzó a llevar a cabo una serie de reformas que, presumiblemente, iban a garantizar la victoria republicana. A esas alturas, Prieto seguramente creía en la posibilidad de conservar la independencia, e incluso la supremacía, del PSOE, ahora con él al mando, en la España del Frente popular. La realidad se encargaría de desengañarle amargamente. Por un lado, descubriría vez tras vez la imbatibilidad del ejército enemigo y, por otro, no tardó en darse cuenta de que el peso de la Unión Soviética en la política de la España republicana impedía totalmente la existencia de un Gobierno independiente de Moscú. A pesar de sus no escasas concesiones a las imposiciones soviéticas, Indalecio Prieto también acabó cayendo ante las presiones comunistas que, como ha sido siempre habitual en esta fuerza política, vinieron acompañadas de una notable campaña propagandística. Como señalaría después el entonces ministro comunista Jesús Hernández, la caída de Prieto era considerada indispensable para que el PCE pudiera apoderarse por completo del control de las fuerzas armadas.

Por supuesto, la verdadera naturaleza de estos ataques no escapó al ministro socialista, pero su propio informe al

Comité central del PSOE de 9 de agosto de 1938 sirvió para poco más que para levantar acta pública de lo que ya llevaba tiempo sucediendo en la España del Frente popular. Así, a finales de 1937, Indalecio Prieto dejó de ser ministro de Defensa nacional y el autodenominado Gobierno de la Victoria —mal nombre puesto que sólo cosechó terribles fracasos militares— desapareció dando lugar a otro nuevo que recibiría el sobrenombre de Gobierno de la Unión nacional. En él iban a estar representados todos los partidos del antiguo Frente popular —sin el POUM exterminado por el PCE, claro está— y las dos centrales sindicales a la vez que se aumentaba el número de ministros republicanos para dar una apariencia de moderación ante la opinión pública internacional. Sin embargo, la realidad no podía ocultarse. Juan Negrín, el mismo socialista que había enviado ilegalmente el oro del Banco de España a la Unión Soviética, se convertía en el hombre fuerte indiscutible no sólo porque mantenía la presidencia del Gobierno sino además porque asumía la cartera de Defensa nacional. Por si fuera poco, la cartera de Estado quedaba en manos del socialista Julio Álvarez del Vayo, un agente soviético, y el PCE obtenía la cartera de Agricultura, esencial para el esfuerzo propagandístico, que asumiría Orive.

Lejos de mantener esa independencia que algunos autores insisten ahora en proclamar, lo cierto es que el nuevo gabinete presidido por Negrín no iba a tardar en otorgar una supremacía militar casi absoluta a los comunistas. De hecho, cuando se constituyó el Ejército del Ebro —protagonista de la batalla más cruenta de la guerra— los tres cuerpos de ejército estaban dirigidos por comunistas, así como la mayoría de los mandos y el comisariado de las grandes unidades. Incluso los mandos de división pasaron en su mayor parte a manos de los comunistas. Si las divisiones 44 y

16 estaban bajo sindicalistas y la 56 se hallaba a las órdenes del teniente coronel Gómez García, que carecía de filiación política, el resto —divisiones 3, 35, 42, 11, 45 y 46— se hallaban bajo el mando de comunistas como Esteban Cabezas, Pedro Mateo, Manolín Álvarez, Joaquín Rodríguez, Hans y el Campesino. Por lo que se refiere a las brigadas, la situación era muy similar. Incluso los planes referentes a la ofensiva fueron trazados por militares de filiación comunista. El Ejército del Ebro era, verdaderamente, un ejército rojo que dejaba de manifiesto el peso inmenso del PCE en la zona controlada por el Frente popular.

Sin embargo, eso no era todo. El PCE —impulsado directamente por la Unión Soviética— había puesto en marcha un plan de control de la España republicana que llevaba desarrollándose desde antes del estallido de la Guerra Civil y que sólo estaba esperando su consumación como la fruta madura que cae del árbol. El plan consistía en lograr la unificación del PSOE con el PCE, en una primera fase, y después en la eliminación de las fuerzas rivales de izquierdas en una segunda. En apariencia, semejante plan no podía realizarse dado que el PSOE era un partido que contaba con muchos más afiliados. La práctica puso de manifiesto, sin embargo, una realidad muy diferente. De entrada, el PCE había logrado dos éxitos notables ya en el pasado. Éstos habían sido la unificación de las Juventudes de ambos partidos en uno solo —un episodio en el que había tenido un papel esencial Santiago Carrillo— y la fusión del PCE y del PSOE en Cataluña en el PSUC (Partido Socialista Unificado de Cataluña). En ambos casos, el resultado no había sido el de un PCE incorporado a una mayoría socialista sino el de una masa partidista que pasaba a depender totalmente de las directrices del PCE y, con ellas, directamente de Moscú.

¿Era consciente de todo esto Negrín o, por el contrario, no pasaba de ser un necio o un ingenuo engañado por los comunistas? La apertura de los archivos de la extinta Unión Soviética nos ha permitido dar respuesta cumplida a esa cuestión. No obstante, antes de entrar en ese aspecto hay que señalar que la realidad no se escapó a los contemporáneos del Gobierno de Negrín. Fue precisamente un miembro histórico del PSOE, Julián Besteiro, el que expresó como pocos la difícil tesitura a la que se veían sometidos no pocos izquierdistas que eran conscientes del peso decisivo que el PCE y la Unión Soviética habían adquirido en la zona controlada por el Frente popular hasta el punto de convertir en un mal menor la victoria de Franco. Así escribiría Besteiro en la fase final de la guerra:

> La verdad real: estamos derrotados por nuestras propias culpas (claro que el hacer mías estas culpas es pura retórica). Estamos derrotados nacionalmente por habernos dejado arrastrar a la *línea* bolchevique, que es la aberración política más grande que han conocido quizás los siglos. La política internacional rusa, en manos de Stalin y tal vez como reacción contra un estado de fracaso interior, se ha convertido en un crimen monstruoso... La reacción contra ese error de la República de dejarse arrastrar a la *línea* bolchevique, la representan genuinamente, sean los que quieran sus defectos, los nacionalistas, que se han batido en la gran cruzada anticomintern.
>
> [...]
>
> El drama del ciudadano de la República es éste: no quiere el fascismo; y no lo quiere, no por lo que tiene de reacción contra el bolchevismo, sino por el ambiente pasional y sectario que acompaña a esa justifi-

> cada reacción (teorías raciales, mito del héroe, exaltación de un patriotismo morboso y de un espíritu de conquista, resurrección de formas históricas que hoy carecen de sentido en el orden social, antiliberalismo y antiintelectualismo *enragées*, etcétera). No es, pues, fascista el ciudadano de la República, con su rica experiencia trágica. Pero tampoco es, en modo alguno, bolchevique. Quizás es más antibolchevique que antifascista, porque el bolchevismo lo ha sufrido en sus entrañas, y el fascismo no.

No se equivocaba Besteiro en sus juicios. La España republicana se había precipitado en el camino que conducía hacia la dictadura comunista en un anticipo de lo que luego serían las denominadas democracias populares del este de Europa posteriores a la Segunda Guerra Mundial. Así lo reconocerían posteriormente personajes como el poumista Julián Gorkín, Enrique Castro Delgado, creador del Quinto Regimiento; Jesús Hernández, ministro comunista en el Gobierno republicano o el futuro general del KGB Pavel Sudoplatov, que actuó en España como agente de Stalin encuadrado en el NKVD. Éste afirmaría años después:

> España demostró ser un jardín de infancia para nuestras operaciones de inteligencia futuras. Nuestras iniciativas posteriores relacionadas con inteligencia surgieron todas de los contactos que hicimos y de las lecciones que aprendimos en España. Los republicanos españoles perdieron pero los hombres y las mujeres de Stalin ganaron.

De ese «ganar» de los agentes de Stalin fue instrumento voluntario y decisivo el socialista Negrín. Así lo pone de manifiesto un documento soviético desclasificado tras el desplome de la Unión Soviética fechado el 10 de noviembre de 1938 y procedente de Marchenko, el encargado de negocios de la Unión Soviética en España. En él, se dirigía a M. M. Litvinov, comisario del pueblo de Asuntos Exteriores, para informarle de la situación:

> En mi primera conversación con él tras mi regreso, Negrín se refirió de pasada a la labor de nuestros especialistas en España. Manifestó su deseo de que el nuevo jefe del trabajo, el compañero Kotov, no se hiciera con la información por sí mismo ni se procurara un círculo amplio de relaciones oficiales... manifestó de manera meridiana que creía que no era correcta ni adecuada la relación directa entre el compañero Kotov y sus subordinados, por una parte, y el Ministerio de Gobernación y el SIM, por otra. Así que me propuso que el compañero Kotov estableciera contacto con él, Negrín, que está creando un aparato especial secreto bajo su propia dirección.
>
> El que Negrín, que siempre ha sido muy correcto en lo que se refiere a nuestra gente, haya juzgado pertinente expresar esa observación, indica sin lugar a dudas la enorme presión que sobre él ejercen el Partido Socialista, los anarquistas y especialmente los agentes de la Segunda Internacional, en relación con las «interferencias» de nuestra gente en el trabajo de policía y contraespionaje... (RGVA, c. 33987, i. 3, d. 1081, p. 16.)

Con el Ejército y los organismos de represión controlados por el PCE y los agentes soviéticos, con la práctica aniquilación en su territorio de los contrarios al Frente popular y de los sacerdotes y religiosos, con el inicio de la represión de otros grupos de izquierda considerados rivales, se podía acometer la creación de un solo partido que articulara la implantación de una dictadura comunista. De manera bien explícita, el instrumento voluntario para dar ese terrible paso no era otro que Juan Negrín, un aliado a la sazón de Stalin.

Al respecto resulta especialmente revelador otro documento soviético, dirigido a Voroshilov, en el que se refiere una conversación mantenida con Negrín el 10 de diciembre de 1938:

> *Sobre la creación de un Frente Nacional de todos los españoles.* Negrín me dijo que había estado hablando con Díaz y Uribe sobre el asunto de la creación del un Frente Nacional unido que concibe como una forma distinta de nuevo partido. Esa idea se le ocurrió después de perder la confianza en poder unir a los partidos socialista y comunista. Semejante unificación no se pudo llevar a cabo por la oposición de los dirigentes del Partido Socialista. Como mucho, se podría esperar que el Partido Socialista fuera absorbido por el comunista tras acabar la guerra, pero en ese caso, los dirigentes más conocidos del Partido Socialista —Prieto, Caballero, Besteiro, Almoneda, Peña y otros— no aceptarían la unificación y los burgueses los seguirían considerando como el Partido Socialista para aprovecharse de la división.
>
> Pero ¿en qué partido podría apoyarse el Gobierno? No resulta adecuado apoyarse en el comunista desde el punto de vista de la situación internacional. Los partidos republicanos que ahora existen carecen de futuro. El Frente popular no tiene una disciplina en calidad de tal y

sufre la lucha de los distintos partidos. Lo que se precisa, por lo tanto, es una organización que unifique lo mejor de cada uno de los partidos y organizaciones y sirva de apoyo fundamental para el Gobierno. Se podría denominar Frente Nacional o Frente o Unión Española. Negrín no ha pensado cómo debería construirse esa organización de manera concreta... Sería posible la doble militancia, es decir, que los miembros del Frente Nacional pudieran seguir perteneciendo a los partidos que ya existen... el Partido Comunista debería ofrecer colaboradores a esa nueva organización, pero, al principio, no de entre sus dirigentes. Sería más conveniente utilizar a gente poco conocida. La dirección del trabajo de organización y de propaganda del nuevo partido debería quedar en manos de los comunistas... No cabe un regreso al viejo parlamentarismo. Sería imposible permitir el «libre juego» de los partidos tal como existían antes, ya que en ese caso la derecha podría conseguir nuevamente llegar al poder. Eso significa que resulta imperativo o una organización política unificada o una dictadura militar. No ve que sea posible ninguna otra salida. (RGVA, c. 33987, i. 3, d. 1081, pp. 79-80.)

La postura de la Unión Soviética coincidía con la de Negrín en que, después de la guerra, no habría en España una democracia —una forma de gobierno, dicho sea de paso, que no había provocado el entusiasmo de las izquierdas nunca salvo si servía para allanarles el camino hacia el poder absoluto—, pero los agentes soviéticos seguían siendo favorables a la unificación del PCE con el PSOE y la eliminación de los disidentes de izquierdas.

En un documento dirigido por G. Dimitrov, el factótum de la Komintern, a Stalin, Molotov, Kaganovich, Voroshilov, Yezhov, Mikoyán y Andreyev, el 25 de noviembre de 1938, se expresaba de la siguiente manera:

> En los dos o tres últimos meses no se han producido cambios esenciales en la cuestión de la unidad de las fuerzas antifascistas en la España republicana. Es verdad que durante este tiempo los seguidores de Largo Caballero, los trotskistas y los elementos trotskizantes de la Federación Anarquista Ibérica (FAI) han desencadenado una vigorosa ofensiva contra el Partido Comunista, la unificación del Partido Comunista con los socialistas, la unidad interna de la Juventud Socialista Unificada, la dirección del Partido Socialista, el Frente popular, el Gobierno, el PSUC... Hay que señalar que aunque esa ofensiva ha obstaculizado y todavía obstaculiza el desarrollo del movimiento para crear la unidad de toda la clase obrera y de todas las fuerzas antifascistas y ha ocasionado un riesgo de escindir la Juventud Socialista Unificada, no ha logrado su objetivo principal. No ha logrado aislar al Partido Comunista ni aniquilar la unidad de socialistas y comunistas ni la del Frente popular.
>
> [...]
>
> Para reforzar la unidad es preciso intensificar la lucha contra sus enemigos —POUM, partidarios de Largo Caballero, aventureros de la FAI, derrotistas— coordinando esa labor con la lucha por una unidad más estrecha entre el Partido Comunista y el Partido Socialista, por la unión de la juventud, por una reactivación del Frente popular, y, sobre todo, por la creación de una central sindical unificada... habrá que hacer algo para lograr que algunos dirigentes importantes de la CNT, entre sus elementos más honrados, se in-

corporen al Partido Comunista y al PSUC. Entonces podríamos valernos de esos casos para llevar a cabo una campaña política a gran escala.

[...]

La labor del PCE ha mejorado en los últimos tiempos, en especial, en el seno del Ejército y, en menor medida, en las empresas y en la UGT... el PCE dispone en la actualidad de unos 830.000 miembros —sin contar el PSUC— de los que la mitad se encuentra en el Ejército. (RGVA, c. 33987, i. 3, d. 1081, pp. 30-44.)

La documentación soviética —que los apologistas de Negrín ocultan o simplemente ignoran— no puede resultar más obvia. A unos meses del final de la guerra, tanto Negrín como el PCE y los agentes soviéticos eran conscientes de que la democracia parlamentaria era ya cosa del pasado y no iba a reaparecer en el futuro. Al pensar así manifestaban una clara coherencia con la trayectoria de los movimientos revolucionarios en España desde finales del s. XIX y, desde luego, con la trayectoria del PSOE y el PCE en 1934 y 1936. En el futuro, tras la victoria del Ejército popular de la República, se pasaría a un sistema de partido único controlado por el PCE —y a través de éste por Stalin— en el que se integrarían los elementos sumisos a estas directrices procedentes de formaciones como el PSOE o la CNT. Igualmente serían unificados los sindicatos. Por lo que se refería al Ejército o a las fuerzas de represión, su control por parte de los comunistas ya era casi absoluto. Finalmente, los adversarios —socialistas refractarios a la unificación con el PCE, poumistas, anarquistas, nacionalistas o republicanos históricos— sólo podían esperar el exterminio. Si tan trágica perspectiva no se convirtió en realidad se debió únicamente al hecho de que el Frente popular perdió la guerra.

XIX

FRANCO COMETIÓ UN GENOCIDIO CULTURAL CON EL CATALÁN

Entre los mitos difundidos en las últimas décadas por el nacionalismo catalán tanto en su versión católica como en su versión socialista, tanto en su vertiente de izquierdas como de derechas, se halla el de que el general Franco perpetró un genocidio cultural con la lengua catalana. La verdad histórica fue muy distinta.

Desde su nacimiento oficial con las Bases de Manresa, el nacionalismo catalán intentó utilizar la lengua como una barrera idiomática que permitiera el monopolio de empleos oficiales y la entrega de amplios sectores de actividad en manos de los nacionalistas. De esa forma, la función fundamental de comunicación que tiene una lengua se convirtió en un instrumento de dominio político y discriminación injusta. Semejante circunstancia pesó no poco en el ánimo de los vencedores de la Guerra Civil al contemplar el uso del catalán.

Es cierto que Dionisio Ridruejo, uno de los verdaderos camisas viejas, llegó a Barcelona cargado de octavillas en catalán donde se explicaba la revolución nacionalsindicalista. No es menos cierto que abundaban los catalanes en el ejército de Franco desde los encuadrados en el carlismo como el famoso Tercio de Montserrat a los seguidores de la Falange. Todavía es aún más cierto que la entrada de las tropas nacionales en Barcelona el 26 de enero de 1939 vino acompañada de una explosión de entusiasmo de tintes religiosos entre aquellos que habían vivido la revolución con temor para sus vidas. Sin embargo, en términos generales, los vencedores manifestaron en los primeros tiempos un claro resquemor hacia el uso del catalán. Fue ése un período breve —inicios de 1939 a inicios de 1940 cuando la *senyera* catalana volvió a ondear en los edificios oficiales— en que las manifestaciones anti-catalanismo fueron cediendo poco a poco ante el empuje de los catalanes que se hallaban en el bando vencedor por convicción —como Guillermo Díaz-Plaja o Josep Pla, el mejor escritor catalán y en catalán de todos los tiempos— o por acomodación.

Recuérdese al respecto cómo el padre de María Teresa Fernández de la Vega, vicepresidenta en los gobiernos de José Luis Rodríguez Zapatero, supo pasar de funcionario del Frente popular a alto cargo de los sindicatos verticales —uno de los sectores más fascistizados del régimen de Franco— siendo incluso condecorado por la Dictadura. Esa circunstancia de convicción o de adaptación y la no menos importante visión de que Cataluña era una región española explican, por ejemplo, que ya en 1941 volvieran a editarse obras en catalán. En 1943, en medio de la dificultad propia de la Segunda Guerra Mundial, se publicaron cerca de medio centenar entre las que se encontraban las *Obras completas* de Verdaguer o *El somni encelat* de Miquel Dolç. No sólo eso. Se daban clases de lengua catalana en instituciones como los Amics de la poesia y funcionaba un Institut d'estudis catalans cuyo presidente era Puig i Cadafalch. Por supuesto, Josep Pla siguió siendo un referente literario indispensable. Como forma de genocidio cultural hay que reconocer que la edición, la enseñanza y la investigación no dejan de ser comportamientos pintorescos. También se dieron las manifestaciones artísticas. En 1944, Joan Brossa estrenó su obra *El cop desert*. No fue un caso aislado.

David y María Vila se dedicaron con profusión al teatro en catalán impulsando, por ejemplo, las obras de Josep Maria de Sagarra, que no dejaría de estrenar en los años sucesivos. Todavía en los terribles cuarenta —los años del hambre, del bloqueo y de la represión más dura— apareció en 1945 la revista *Leonardo* impulsada por Tristán La Rosa y en 1948, *Dau al set*. Dirigida por Brossa, esta última publicación recogería en su seno a no pocas plumas catalanas que escribían en catalán como Ponç i Cuixart, Tàpies y Tharrats.

Tampoco faltaron los certámenes para obras literarias en catalán (sin duda, otra peculiar manifestación de genocidio cultural). Así, en 1947, la Editorial Aymá convocó el premio Joanot Martorell para literatura en catalán que se prolongaría durante los años siguientes. De manera semejante, la revista *Antología* estableció un concurso —¡mensual!— para cuentos en catalán.

No puede sorprender que en medio de ese caldo de cultivo de impulso del catalán se acumularan las creaciones. Hemos hecho referencia antes al teatro, pero, posiblemente, el género más favorecido fue la poesía. Fueron los años dorados de Salvador Espriu, Pérez Amat, Pedrolo, J. V. Foix o Maurici Serrahima. De hecho, no deja de resultar revelador que esa altura literaria no ha sido superada —ni siquiera igualada— en la Cataluña de las tres últimas décadas gobernada por los nacionalistas y eso a pesar del volumen no pocas veces escandaloso de las subvenciones dedicadas a ese menester. A fin de cuentas, el talento nunca se ha visto impulsado por los gastos estatales. Como remate debe quedar constancia que otras manifestaciones culturales de carácter más público e indudablemente más popular también volvieron a darse en la década de los cuarenta.

La sardana aparece profusamente impulsada por distintos sectores de Falange que insisten en asumir todas las manifestaciones folklóricas de las distintas regiones españolas. Pero además la Orquesta municipal de Barcelona resurge en 1944 con enorme éxito en el Palau de la Música y vuelve a resurgir con extraordinaria acogida el Orfeó català. Durante los años cincuenta —los que algunos han denominado la década tonta— la cultura catalana en catalán siguió consolidándose para alcanzar cimas notables. La revista *Serra d'Or*, aparecida en 1959, la Escola d'art dramàtic Adrià Gual o la Agrupació dramàtica de Barcelona. Por lo que se refiere al listado de autores que escriben y publican en catalán su número es enorme. Junto a Josep Pla, que gana en 1951 el Joanot Martorell, están Maria Aurèlia Capmany, Ferran Soldevila, Joan Reglà, Carles Riba, Vicenç Vives, Gabriel Ferraté, Jordi Sarsanedas —que gana en 1953 el premio Víctor Català con su libro de narraciones *Mites*—, Folch i Camarasa y un largo etcétera.

Había escrito Josep Maria de Sagarra en relación con el XXXV Congreso eucarístico internacional de 1952 —que se celebró en Barcelona— que «el primer milagro ha sido la transformación material y moral de Barcelona». Se puede pensar lo que se quiera de esa afirmación y más teniendo en cuenta cómo la Iglesia católica en Cataluña no tardaría en irse entregando al nacionalismo aunque sin oponerse de manera frontal al régimen de Franco. Sin embargo, lo que resulta obvio es que el genocidio cultural brillaba por su ausencia. Esa circunstancia resultó más obvia si cabe en la década de los sesenta en la que la difusión del catalán comenzó, siquiera tímidamente, a adquirir una suave pátina de oposición al régimen. Aparecieron así editoriales como Edicions 62, fundada ese año para editar sólo obras en catalán o entidades como Òmnium cultural, surgida en 1961. Y, por encima de todo, surgió la denominada *nova cançó*, en la que se incluyeron nombres como los de Joan Manuel Serrat, Lluís Llach o La Trinca. Poco puede dudarse de que como tantos fenómenos teñidos por lo metaartístico, la *nova cançó* fue muy supravalorada y, de hecho, no logró sobrevivir a la muerte de Franco salvo de forma excepcional. Sin embargo, a pesar de todo, su importancia en los sesenta resulta innegable.

Sólo en dos aspectos concretos puede decirse que fracasó la difusión del catalán. Nos referimos al cine y a las publicaciones periódicas. En el caso del séptimo arte, se estrenaron ya en los sesenta algunas películas dobladas al catalán como fue el caso de *La filla del mar* o *Ver madur*. Al igual que en la actualidad, fracasaron estrepitosamente. Por lo que se refiere a las publicaciones periódicas, no gozó de acogida popular el semanario *Tele/estel* ni *En Patufet*. Se producía así un fenómeno similar al de hoy día en que los dos grandes periódicos de Cataluña —*La Vanguardia* y *El Periódico*— siguen editándose en castellano mientras que otros como *Avui* tienen un eco casi nulo y se mantienen sobre la base de subvenciones mantenidas con el dinero de los contribuyentes.

La mitología nacionalista puede insistir —de hecho, lo hace— en un supuesto genocidio cultural sufrido por la cultura y la lengua catalanas durante el régimen de Franco. La realidad fue muy distinta y no sólo en esas áreas. De hecho, el régimen prestó una atención muy especial al desarrollo de la región, en general, y de la Ciudad Condal en particular, porque ambas eran consideradas parte muy relevante de la nación y porque las oligarquías catalanas supieron adaptarse magníficamente al gobierno del general al que, al fin y a la postre, había salvado sus *fabriquetes*.

A todo ello hay que añadir que la represión fue menor en Cataluña, comenzando por Barcelona, que en otras zonas de España. A ello contribuyeron diversos factores como el número nada escaso de catalanes que eran partidarios del régimen franquista, la cantidad tampoco pequeña de catalanes que se adaptó a la nueva situación con prodigiosa rapidez y habilidad y —muy importante— el hecho de que la tenue oposición al régimen pudo refugiarse desde el principio bajo el amparo de la Iglesia católica. Al respecto, son paradigmáticos los casos de Jordi Pujol o de Pascual Maragall, este último mimado especialmente por Porcioles, el rostro del franquismo en Barcelona. Y es que guste o no guste, *La Vanguardia* —el periódico del grupo Godó, que ahora insiste en la aprobación sin reformas del nuevo estatuto de Cataluña— fue en su día *La Vanguardia española* y glosó con verdadero arrobo los logros del general Franco. Así se escribe la Historia...

XX

EL 11-M FUE UN ATENTADO ISLÁMICO PROVOCADO POR LA GUERRA DE IRAQ

El 11 de marzo de 2004 tuvo lugar en Madrid el mayor atentado terrorista de la historia de España. En el curso del mismo fueron asesinadas casi doscientas personas mientras los heridos se contaban por centenares. En medio de la conmoción que sobrecogía a los ciudadanos, distintos grupos mediáticos, con PRISA a la cabeza, comenzaron a difundir la tesis de que se trataba de un atentado islámico provocado por el apoyo del Gobierno español a la campaña contra el dictador iraquí Saddam Hussein. En paralelo, la izquierda y los nacionalistas se sumaron a la campaña y llegaron incluso a sitiar las sedes del PP. El vuelco electoral se produjo el día 14-M y Rodríguez Zapatero llegó a la Moncloa. En apariencia, los ciudadanos habían castigado a un Gobierno que había provocado al terrorismo islámico al sumarse a una misión —por cierto, bajo mandato de la ONU— contra el dictador de Iraq. Sin embargo, la realidad fue muy distinta.

El año 2003 concluyó en España con novedades políticas de relevancia. Mientras el Gobierno del PP presidido por Aznar seguía consolidado y todo hacía prever que volvería a obtener una holgada mayoría en las elecciones de 2004, en Cataluña se había producido un cambio político esencial. Tras la firma del Pacto del Tinell entre el partido socialista y los partidos nacionalistas —un pacto que excluía al PP de la vida política catalana como antaño lo había hecho de la vasca el Pacto de Estella suscrito entre el PNV y ETA— se formó una coalición que concluyó en la formación de un Gobierno nacional-socialista en Cataluña sobre la base de los diputados del PSC, de ICV y de ERC, un partido abiertamente independentista.

El nuevo Gobierno nacional-socialista, presidido por Pascual Maragall, acababa con décadas de pujolismo, pero no significó la introducción de la moderación en los planteamientos de la vida política en Cataluña. De hecho, de manera casi inmediata, demostraría un aliento liberticida que llevaría a Maragall a querellarse contra el humorista Fray Josepho por unos versos leídos en el programa «La Linterna» de la cadena COPE o, sobre todo, a crear el

20 de diciembre de 2005, el CAC, un comité audiovisual que puede imponer sanciones económicas y cierres preventivos de emisoras por decisión política y sin que intervenga previamente un juez. De hecho, la reacción en favor de la libertad de expresión e información y en contra del CAC fue fulminante y así, el 22 de diciembre de 2005, la Asociación de la Prensa afirmó que venía clamando desde hacía tiempo contra las intromisiones del CAC aunque las críticas más duras contra Maragall y el Gobierno nacional-socialista de Cataluña procedieron de los organismos internacionales de defensa de libertad de prensa. El Comité Mundial de Libertad de prensa (WPFC) afirmaría, por ejemplo, que «El CAC utiliza un mandato arbitrario para intentar censurar y silenciar las opiniones de toda una red radiofónica», que «es injustificable que un órgano estatal sea el árbitro del comportamiento de un medio de comunicación» o que «no se recuerda en España algo parecido desde los órganos censores franquistas», por lo que instó «al Parlament y a la Generalitat a tomar las medidas oportunas para desmantelar cuanto antes el CAC, adhiriéndose a las normas internacionales de libertad de expresión y prensa». De manera semejante, el 24 de enero de 2006, el eurodiputado Luis Herrero depositó más de setecientas mil firmas en la sede del Parlamento europeo protestando por las actividades del CAC.

Sin embargo, lo más definitorio del Gobierno nacional-socialista fue, desde el principio, su deseo de desbordar el ámbito legal de la Constitución desalojando al PP de la vida pública y estableciendo pactos incluso con ETA. Así, en diciembre de 2003 y enero de 2004, Carod-Rovira, el número dos del Gobierno nacional-socialista de Cataluña se reunió en Perpiñán con terroristas de ETA. El nacionalismo catalán llegaba así a un pacto con la banda terrorista cuyo contenido completo desconocemos a día de hoy, aunque poco después ETA declaró una tregua que afectaba sólo a Cataluña.

Semejante acción tuvo una consecuencia inmediata sobre la política nacional y más teniendo en cuenta que Rodríguez Zapatero no desautorizó a Maragall ni le exigió que ERC, el partido de Carod, saliera del Gobierno catalán. A partir de ese momento, cualquier atentado de ETA tendría un efecto especialmente negativo sobre el PSOE en la medida en que la sección catalana del partido gobernaba en coalición con ERC, que había llegado a un acuerdo con los terroristas vascos sin ser objeto de desautorización alguna. Ciertamente, no eran los únicos contactos que a la sazón mantenía el partido socialista con ETA. De hecho, en las Vascongadas, como se sabría años después, el socialista Eguiguren había mantenido conversaciones con miembros de la banda terrorista de manera continua que ni siquiera se había interrumpido cuando ETA asesinó a militantes socialistas.

Los éxitos del Gobierno Aznar —especialmente en materia económica—, la escasa consistencia de Rodríguez Zapatero, el candidato socialista a la Moncloa y los pasos que había dado el Gobierno nacional-socialista en Cataluña hacia un pacto con la misma ETA hacían prever a la práctica totalidad de los analistas políticos una holgada victoria del PP en las elecciones del 14 de marzo de 2004, tan holgada que, en realidad, no se discutía su triunfo sino si éste tendría lugar por mayoría absoluta —como en la anterior legislatura— o por mayoría simple. En ese estado de ánimo llegó el 11 de Marzo y la historia de España experimentó un trauma el final de cuyas trágicas consecuencias aún no se puede atisbar.

11 de marzo de 2004, a las 7:37 de la mañana. Estalla-

ron cuatro trenes en Madrid. De manera inmediata, se produjeron las primeras llamadas de auxilio en los teléfonos de Emergencias Madrid, la policía municipal y el SAMUR. Agustín Díaz de Mera y Pedro Díaz-Pintado recibieron la noticia cuando se encontraban en el aeropuerto a punto de subir a un avión con destino a Asturias. Algo semejante sucedió con Jesús de la Morena, que iba a tomar un vuelo hacia París.

Rápidamente, el director gerente del 112 avisó a Alfredo Prada, vicepresidente de la Comunidad de Madrid, que a su vez comunicó los hechos a Esperanza Aguirre, la presidenta. Por su parte, Agustín Díaz de Mera se comunicó con Acebes, ministro del Interior, que avisó al presidente del Gobierno José María Aznar. El CNI se puso en contacto con el ministro de Defensa, Federico Trillo, que ordenó la puesta en funcionamiento del dispositivo de alerta del Ejército.

Entre las 7:45 y las 8, fueron llegando a la estación de Atocha Agustín Díaz de Mera, Pedro Díaz-Pintado y otros mandos policiales. También hicieron acto de presencia en la citada estación y la de Santa Eugenia las primera unidades policiales, entre las que se encontraban los Tedax de la Jefatura superior de policía de Madrid. Por su parte, Aznar comunicaba al rey lo sucedido.

En torno a las 7:50, los medios de comunicación comenzaron a dar las primeras informaciones sobre la explosión en Atocha haciendo referencia a un número indeterminado de muertos y heridos. Las cámaras de EFE llegaban a Atocha y poco después se sabría que también se habían producido explosiones en Santa Eugenia y El Pozo.

En torno a las 8:05, el comisario jefe de los Tedax, Sánchez Manzano llegó a Atocha. En Madrid, se hallaban a la sazón treinta Tedax para realizar un curso de NBQ y se sumaron a los efectivos ya movilizados. A esa misma hora, Iñaki Gabilondo, desde los micrófonos de la Cadena SER atribuía el atentado a ETA condenándolo.

Entre las 8:15 y las 8:30, llegaron a Atocha Esperanza Aguirre, Ruiz-Gallardón y Álvarez-Cascos. Precisamente, a esa última hora, Ruiz-Gallardón recibió una llamada del lehendakari Ibarreche que le comunicó su vergüenza por que semejante matanza la hubieran perpetrado unos vascos. También durante aquellos minutos, los Tedax encuentran en Atocha una bomba sin explotar y ordenan evacuar de la estación; el policía municipal Jacobo Barrero localizó otro artefacto similar en uno de los vagones del Pozo y lo colocó en el andén. A esas alturas, se iniciaban formalmente las diligencias en la Brigada provincial de Información de Madrid y el ayuntamiento ponía en funcionamiento un hospital de campaña frente a Atocha.

A las 8:40, se informó del primer cómputo de muertos. Se trataba de una cifra provisional de quince que, por desgracia, crecería en las próximas horas. Apenas unos minutos después, mientras Aznar celebraba una reunión en Moncloa con algunos de sus colaboradores y Acebes establecía su cuartel general en el Ministerio de Agricultura, las televisiones proyectaban las primeras imágenes del atentado. Ana Terradillos, en la Cadena SER, afirmaba que la policía había confirmado la ausencia de llamadas de aviso, algo que, supuestamente, ETA no habría hecho nunca. El aserto de Ana Terradillos era falso, aunque haya que atribuirlo más a ignorancia que a mala fe.

A las 8:50, en la Cadena SER, Rodríguez Zapatero atribuyó la matanza a la banda terrorista ETA y pidió la unidad de los partidos. A las 9:00, también Gaspar Llamazares, el coordinador de IU, condenó el atentado de ETA, una conducta que sigue a la misma hora el socialista Enrique Barón desde Bruselas. A esas alturas, el sentimiento mayoritario de los ciudadanos era de cólera ante semejante acción de ETA, una cólera susceptible de proporcionar aún más votos al PP —un partido que se había mostrado especialmente beligerante contra la banda terrorista— en las elecciones del día 14. La preocupación ante un descalabro del PSOE en los comicios se reflejó inmediatamente entre los participantes de la tertulia de la Cadena SER. A las 9:10, son varios los que expresan su opinión de que nadie debería cambiar su voto ni aprovecharse del atentado. Resultaba más que obvio que la izquierda mediática temía que un atentado de ETA la perjudicara.

De manera bien significativa, el socialista José Blanco lograba en esos momentos que el popular Gabriel Elorriaga aceptara suspender la campaña electoral. Sin duda, las referencias a un atentado de ETA podían ser letales para el PSOE. De momento, las condenas a ETA seguían sumándose. A las 9:30, el lehendakari Ibarreche condenaba públicamente en televisión el atentado de ETA. Un cuarto de hora después, casi al mismo tiempo que se hacía detonar la mochila encontrada por Jacobo Barrero en la estación de El Pozo, Aznar telefoneaba al rey para comunicarle que iba a convocar una manifestación. A esas alturas, la cifra de muertos alcanzaba las sesenta y dos personas.

A las dos horas del atentado, la situación resultaba obvia. Existía una convicción generalizada de que el atentado lo había ocasionado ETA. No sólo se multiplicaban las condenas procedentes de socialistas y nacionalistas, sino que desde la SER se pretendía minimizar el impacto que una matanza de este tipo podía tener en contra de las fuerzas políticas mencionadas. El cambio iba a comenzar a realizarse al cabo de unos minutos, pero en aquellos momentos era totalmente imprevisible.

Todavía a las 10:00, Joaquim Nadal manifestaba su condena de ETA por el atentado y los medios de comunicación difundían sendas condenas pronunciadas por Ibarreche, Llamazares y Carod-Rovira, el nacionalista catalán que muy poco antes había ido a Perpiñán a pactar con los terroristas vascos. La misma Cadena SER informaba de que, según fuentes policiales, ETA era la culpable de la matanza. Sin embargo, a las 11:00, Arnaldo Otegui, antiguo componente de un comando de ETA y dirigente de Batasuna, el brazo civil de la organización terrorista, además de protagonista de las conversaciones secretas que en aquellos momentos se mantenían entre socialistas y batasunos, compareció ante los medios de comunicación. De manera tajante, afirmó que el atentado no había sido obra de ETA, sino de la «resistencia árabe». A partir de ese mismo momento no fueron pocos los que, en privado, comentaron que de confirmarse la hipótesis de Otegui, el atentado podía volverse en contra del PP... De hecho, en una coincidencia notable, Rodríguez Zapatero telefoneó a Pedro J. Ramírez, director del diario *El Mundo*. La afirmación de Rodríguez Zapatero fue tajante: «Hay restos de terroristas suicidas, Pedro.» Semejante circunstancia —que era falsa— provocó la pregunta inmediata de Pedro J: «¿Oye, y no ha podido ser una faena a medias, una especie de *joint venture*?» La respuesta de Rodríguez Zapatero fue tajante: «Eso es lo que dice Felipe, que ha sido un trabajo por encargo de ETA. Sería la primera vez que pasa algo así.» De momento, sin embargo, la tesis de que pudiera haber terroristas suicidas —lo que apuntaba a un origen islámico de los atentados— era manejada únicamente por el socialista Rodríguez Zapatero.

A las 10:15, un portero de la calle Infantado de Alcalá, Luis Garrudo, habló con el presidente de la comunidad de vecinos para decirle que a las siete de la mañana había visto a tres sospechosos, cuyo aspecto era de gente del este de Europa, deambulando en torno a una furgoneta aparcada en la calle. Un cuarto de hora después, el presidente de la comunidad telefoneaba a la comisaría de policía de Alcalá de Henares para informar de lo que le había dicho Garrudo. Cinco minutos después, llegaron las primeras unidades policiales a la furgoneta de Alcalá en cuyo salpicadero hallaron una tarjeta. En paralelo, siguieron sumándose las condenas contra ETA. A las 10:50 lo hizo el Parlamento vasco —donde Sozialista Abertzaleak, sucesora de Batasuna, se ausentó para no suscribir la condena—, entre las 11:45 y las 12:00, el socialista Rafael Simancas, de la UGT, el nacionalista catalán Jordi Pujol y el nacionalista vasco Josu Jon Imaz. Todos ellos condenaron el atentado culpando del mismo a ETA. Por si fuera poco, aproximadamente a esa hora, un miembro del Partido Socialista de Euskadi, Manuel Huertas, difundía la noticia de que simpatizantes de ETA habían arrojado octavillas en San Sebastián el día anterior instando a boicotear a RENFE.

Mientras tanto se habían ido produciendo diferentes acontecimientos relacionados con la furgoneta de Alcalá, la Kangoo. A las 10:40, los policías de la Brigada provincial de Información habían llegado para inspeccionarla y averiguaron que era robada por la matrícula. A las 11:05, la Unidad Central de Desactivación de Explosivos de Canillas recibió la solicitud de enviar Tedax a revisar la furgoneta, pero todos estaban ocupados. A las 11:10, el inspector de Policía científica de Alcalá procedía a revisarla desde fuera y comprobaba que la zona de carga estaba vacía, circunstancia esta de especial relevancia. Media hora después, aproximadamente, ante la imposibilidad de enviar Tedax, se optó por mandar perros adiestrados a examinar la furgoneta Kangoo.

A las 11:45, el ministro Trillo celebró una reunión con miembros del CNI. En el curso de la misma, el director del Centro Nacional de Inteligencia informó al ministro de que los culpables del atentado probablemente eran miembros de la organización terrorista ETA. La tesis de Dezcallar resultaba unánime en esos momentos —con la excepción de las declaraciones de Otegui— en el sentido de atribuir el atentado a ETA. De hecho, a las 12:00, los sindicatos SUP y AUGC, y la Conferencia episcopal condenaron a la banda terrorista vasca por los hechos. Incluso la Cadena SER culpó a ETA a esa misma hora citando «... fuentes jurídicas de toda solvencia». Desde luego, todos los datos seguían apuntando en esa dirección. Así, sobre las 12, se recibió una llamada en la comandancia de la Guardia Civil denunciando que se había visto a una persona despojándose de ropas cerca de la estación de Vicálvaro. El aspecto del personaje en cuestión era occidental. Lo mismo afirmó a las 13:00 una de las personas heridas en el atentado hablando con el ministro Trillo en el hospital Gómez Ulla. Insistió en que había visto a los terroristas y que «eran españoles». La única nota discordante —aparte de las declaraciones de Otegui— la dio una fuente, presuntamente policial, que telefoneó a *El Periódico de Catalunya* para decir: «Fíate de mí: ha sido Al-Qaeda.» Era la misma tesis del batasuno Otegui... Resulta curioso que una fuente policial le pudiera decir a *El Periódico* a las 12 de la mañana que la autoría era islamista, dado que no había aparecido aún ni una sola prueba que apuntara en esa dirección.

Mientras tanto, había continuado el examen de la furgoneta Kangoo. A las 12:05, el primer perro revisó la furgoneta por fuera sin detectar nada. Por su parte, el guía canino tampoco vio nada por los cristales. A las 12:15, Sánchez Manzano, el jefe de los Tedax, llegó al complejo policial de Canillas con los primeros restos recogidos en los lugares de las explosiones. Al ser informado del hallazgo de la furgoneta, llamó a su superior inmediato, Cuadro Jaén, comisario general de Seguridad ciudadana, pero éste le dijo que esperara a los resultados del examen llevado a cabo por los perros. A las 12:20, un segundo perro revisó la furgoneta por fuera sin detectar nada. Cinco minutos después, se procedió a forzar la puerta trasera de la furgoneta con una palanqueta y el segundo perro penetró en su interior. No detectó ni el más mínimo rastro de que esa furgoneta albergara, ni hubiera albergado, ningún resto de explosivo. Otros cinco minutos después, se precintó la furgoneta con cinta policial y a las 12:35, el comisario de policía de Alcalá, Eduardo Blanco, ordenó que se llamara a una grúa para llevar la furgoneta a la comisaría de Alcalá. La grúa llegó a las 12:45 y el jefe de la Brigada provincial de Información ordenó que fuera llevada a Moratalaz para ser revisada por la Brigada provincial de Policía científica a las órdenes del comisario Santano. Sin embargo, el vehículo tenía la luz de emergencia estropeada, por lo que hubo que ir a por otro. Así, Eduardo Blanco, el comisario de Alcalá, se marchó dejando al mando del operativo de la furgoneta a Martín Gómez, jefe local de la Policía científica de Alcalá.

En paralelo, proseguían las investigaciones relacionadas con el tipo de explosivo ya que éste serviría para determinar la autoría de la matanza que, hasta ese momento, todos —con la excepción de Otegui— atribuían a ETA. A las 12:20, el juez Garzón —que se había personado en

Atocha sin que esté claro el porqué a día de hoy— fue informado por un Tedax de que el explosivo utilizado en el atentado era Titadyne, es decir, el que utiliza habitualmente la banda terrorista ETA. La misma información recibió sobre las 12:45 el Subdirector General Operativo de la Policía, Díaz-Pintado. Habiendo llamado al Comisario General de Seguridad Ciudadana, Santiago Cuadro, en el curso de una reunión con cargos del Ministerio del Interior, Cuadro le informó de que el explosivo había sido Titadyne con cordón detonante, en otras palabras: el explosivo de ETA.

En esa misma tesis se van a afirmar los medios de comunicación que entre las 13:00 y las 14:00 sacan ediciones especiales culpando a ETA de la matanza. La única excepción es *El Periódico*, precisamente el medio que ha recibido una llamada acusando a Al-Qaeda. De momento, los políticos mantienen su línea anterior. A las 14:05, Rodríguez Zapatero reiteraba su determinación de acabar con el terrorismo y calificaba los sucesos como «los atentados más horrendos que haya cometido nunca ETA». Los batasunos Otegui, Permach y Barrena que habían dado una rueda de prensa a las 13:25 son los únicos que se desmarcan de esa línea, aunque, esta vez, no atribuyen la responsabilidad a lo que se ha denominado la «resistencia árabe».

A las 14:00, llegó la segunda grúa a Alcalá. Precisamente al ir a cargar la furgoneta, se descubrió que llevaba una marcha metida por lo que se rompió el precinto y penetró en el vehículo Martín Gómez, jefe de la Policía científica de Alcalá. El operario de la grúa pudo ver que en el interior de la furgoneta no había prácticamente nada. La furgoneta acabaría recalando en la unidad de Tedax dirigida por Sánchez Manzano.

A las 14:30, Acebes y el consejero de interior del Gobierno Vasco, Javier Balza, mantuvieron una conversación telefónica en la que coincidieron en que el atentado lo había cometido ETA. Diez minutos después, llegaba la furgoneta Kangoo al complejo policial de Canillas, pero no fue entregada a la Policía científica sino que fue a dar en los hangares de la Unidad Central de Desactivación de Explosivos. Sin embargo, aunque la furgoneta llegó a esas dependencias policiales a las 14:40, el acta oficial de registro señala que entró a las 15:30. Es decir, que la furgoneta estuvo «desaparecida» a efectos oficiales durante 50 minutos. Durante esos cincuenta minutos, el contenido de la furgoneta —inexistente como sabemos por diversos testimonios— experimentó una mutación trascendental. En el interior iban a aparecer una cinta coránica, unos detonadores, un resto de explosivo y unas prendas de ropa en las que luego aparecería ADN de unos supuestos islamistas a los que se atribuiría la matanza.

A las 15:30, la policía recibió la orden de llevar los bolsones en cuyo interior se encontraban las pertenencias de los viajeros de la estación de El Pozo a la comisaría de Villa de Vallecas. Un cuarto de hora después, el comisario Mélida —que posteriormente sería procesado por la presunta falsificación de un informe del 11-M— se hizo cargo de la furgoneta en Canillas, de manera oficial. Según Sánchez Manzano —que sería procesado como consecuencia de una querella presentada por la Asociación de Víctimas del 11-M— un Tedax le avisó a esa hora de que había llegado la furgoneta a Canillas y de que en su interior había detonadores y un resto de explosivo. A esa misma hora, Ana Terradillos, en la Cadena SER, informaba de que, según fuentes del Ministerio del Interior, las bombas estaban compuestas por Titadyne y dinamita reforzada lo que se correspondía con el modus operandi de ETA. En la misma línea se hallaba el CNI, que a las 15:51 envió una nota al Gobierno dando casi por segura la autoría de ETA. A pesar de todo, el cambio estaba a punto de producirse en relación con los objetos hallados en la furgoneta, objetos que, como ya hemos señalado, aparecieron en los cincuenta minutos en que la furgoneta estuvo oficialmente desaparecida.

A las 14:20 se avisó al traductor de la policía Yusuf Nidal Ziad para que acudiera a escuchar la cinta coránica supuestamente hallada en la furgoneta. Es muy posible que en aquellos momentos Aznar, todavía presidente del Gobierno, temiera haber sido objeto de una trampa en la que habían mordido el cebo —dicho sea de paso— todas las fuerzas políticas. A las 16:30, se reunió con Acebes para evaluar la nota del CNI y los hallazgos de la furgoneta. Tras la reunión, llamó a Dezcallar para pedirle que procediera a investigar la pista islámica y sondeara en el plano internacional si podía haber sido Al-Qaeda la responsable de la matanza. De esa manera, Aznar intentaba protegerse de cualquier posible acusación en el sentido de que había dirigido la investigación policial en beneficio del PP. Las intenciones eran buenas, pero no le iba a servir de nada. En apenas unas horas, las noticias sobre la furgoneta iban a provocar un vuelco político. De entrada, tanto los dirigentes sindicales como Pascual Maragall —en cuyo Gobierno estaba un político que había pactado en Perpiñán con los terroristas de ETA— decidieron utilizar para la manifestación de repulsa convocada para el día siguiente un lema distinto del propuesto por el Gobierno.

El juez Del Olmo, que era a quien le había correspondido instruir el sumario por los atentados, había dado la orden de llevar al recinto ferial de IFEMA todas las pertenencias de las víctimas encontradas en las estaciones. Sin embargo, sobre las seis de la tarde, alguien dio la orden de llevar los bultos encontrados en la estación de El Pozo a la comisaría de Puente de Vallecas. Aparecería así en esa comisaría una mochila —la famosa mochila de Vallecas— cuya categoría de montaje descubrirían investigaciones ulteriores. En otras palabras, a menos de doce horas de cometerse los atentados ya se habían introducido en la furgoneta Kangoo de Alcalá de Henares objetos que no estaban inicialmente y que apuntaban a la comisión de los atentados por terroristas islámicos y se había falsificado una mochila para apoyar esa tesis. Sin embargo, ninguno de esos extremos podía ser conocido a esas alturas.

A las 18:15, Acebes fue informado de que la cinta supuestamente encontrada en la furgoneta Kangoo era una cinta comercial dedicada a la enseñanza del Corán. Al parecer nadie se preguntó por qué unos terroristas islámicos habían dejado un objeto así en la furgoneta en lugar de una carta o una cinta que reivindicara los atentados. Una vez más, el montaje resultaba obvio. Se había buscado con rapidez algo que pudiera relacionar el vehículo con el terrorismo islámico y se había echado mano de lo primero que se tenía al alcance. En todo caso, la tesis de la autoría islámica no se había lanzado todavía a los medios abiertamente. Simplemente se estaba preparando el terreno. Así, a las 18:30, Rodríguez Zapatero condenaba en televisión el atentado de ETA, más o menos un cuarto de hora antes de que Dezcallar telefoneara a Aznar para comunicarle que, según los servicios secretos extranjeros, nada apuntaba a que la matanza la hubiera perpetrado un grupo de islamistas.

En esa misma línea, se mantenía también el Grupo PRISA. Sobre las 19:00, Carlos Llamas, en la Cadena SER, insistía en que todo apuntaba a un atentado de ETA y que el portavoz de la Casa Blanca había señalado que no existía nada que apuntara a Al-Qaeda. Media hora más tarde, el Consejo de Seguridad de la ONU expresaba su condena al atentado de ETA. Sin embargo, el cambio estaba ya próximo a producirse.

A las 20:00, Aznar mantuvo una conversación con Rodríguez Zapatero para informarle del contenido de la furgoneta. El dirigente socialista le comentó que los autores del atentado podían ser islamistas y que tenía esa información por gente cercana a Kerry, el candidato demócrata a la presidencia. Inmediatamente, Aznar solicitó de Estados Unidos que le confirmara lo que acababa de decirle Rodríguez Zapatero y la respuesta fue que no sabían nada al respecto.

Muy posiblemente, a esas alturas, Aznar era consciente de que su Gobierno había caído en una trampa porque a las 20:10 comenzó a llamar a los directores de los medios de comunicación para decirles que había dos vías de investigación. Se trataba de un nuevo paso que ponía de manifiesto cómo el Gobierno estaba jugando limpio, pero no serviría de nada. Tan sólo unos minutos antes, la SER había afirmado que tenía las fotografías de los etarras responsables de la matanza.

A las 20:15, el rey apareció en televisión pidiendo unidad, firmeza y serenidad contra el terrorismo, pero ya no mencionó a ETA. A las 20:20, Acebes, en una rueda de prensa, anunció el hallazgo de la cinta coránica y la existencia de dos líneas de investigación. La BBC informaría tras esta rueda de prensa que el atentado podía ser obra de islamistas. Semejante información sería retorcida por los medios españoles en el sentido de afirmar que la prensa extranjera aseguraba que los atentados se debían al terrorismo islámico. A esa circunstancia se sumaría el que a las 20:45 apareciera en Londres una falsa reivindicación de los atentados en nombre de las Brigadas de Abu Hafs Al Masri, un grupo islamista ficticio que se dedica a reivindicarlo todo, inluso el gigantesco apagón que sufrió hace años la ciudad de Nueva York y que no se debió a ningún atentado.

En medio de ese clima cambiante, fue la Cadena SER el primer medio que viró a inusitada velocidad en una dirección que causaría un enorme daño al PP y, sobre todo, favorecería extraordinariamente a Rodríguez Zapatero. A las 21:00, Javier Álvarez señaló en la SER que había que rectificar una información ya que el explosivo no era Titadyne —se sabría con seguridad en 2009 que sí lo era— sino dinamita. (A decir verdad, el Titadyne es un tipo de dinamita, de manera, que la información de la SER no tenía ningún sentido. Con todo, de esa forma se comenzaba ya a introducir dudas sobre las informaciones proporcionadas por el gobierno.) En paralelo, en la SER comenzó a plantearse que Acebes no informaba de las investigaciones con suficiente rapidez. A las 21:30, en medio de una estrategia que está cerrando la trampa sobre el Gobierno, Rodríguez Zapatero llamó a Pedro J. Ramírez, el director de *El Mundo* para decirle que había dos terroristas suicidas entre los muertos de los trenes. La información era mentira, pero la Cadena SER la difundiría con unos efectos extraordinarios.

A las 22:00, Ana Terradillos, desde los micrófonos de la SER, señalaría que en el primer vagón del tren de Téllez iba un terrorista suicida. A partir de ese momento, en la SER se anunciaría como tesis que explicaría los atentados que su origen estaba en la participación de España en la guerra de Iraq. En otras palabras, los doscientos muertos había que atribuirlos al apoyo que Aznar había dispensado al presidente Bush. La culpabilidad se desplazaba así de los asesinos al Gobierno del PP.

La labor de la Cadena SER no iba a discurrir en solitario. Sobre las 22:15, fuentes del CNI y de la policía ya estaban llamando *off the record* a los medios de comunicación para hablarles de suicidas que viajaban en los trenes. La información —insistamos en ello— era totalmente falsa. Sin embargo, a esas alturas nadie podía saberlo y cuando a las 23:00 Esperanza Aguirre llegó a IFEMA se encontró ya con familiares de las víctimas de los atentados que la increparon a gritos por su apoyo a la guerra de Iraq. Era la misma hora en que Gaspar Llamazares, coordinador de IU, pedía desde la SER explicaciones a Acebes «antes de que vayamos a las elecciones». La misma cadena que había insistido nada más producirse los atentados en que no debían influir en el voto comenzaba a convertirse en el instrumento para influir en los ciudadanos en la dirección diametralmente opuesta. A las 23:37, desde la SER, en el seno de lo que ya era una abierta campaña de intoxicación, Alfredo Pérez Rubalcaba, antiguo ministro socialista en gobiernos desde los que se practicó el terrorismo de Estado de los GAL, acusó a Acebes de haber dado información falsa, una circunstancia que explicaría, según él, las condenas de ETA pronunciadas por el PSOE. Un cuarto de hora antes de las 24:00, la Cadena SER difunde la información —falsa— de que el Gobierno había pedido a Israel ayuda para identificar los restos de las víctimas del atentado. Se insistía así en la autoría islámica del mismo. Media hora más tarde, Javier Zarzalejos, asesor de Aznar, telefoneó a Rubalcaba para darle la información del CNI contraria a la autoría islámica y desmentirle la existencia de suicidas. Era ciertamente intentar que cambiara de postura alguien que ya había descubierto la clave para la victoria del PSOE tres días después. Rubalcaba insistió en que estaban convencidos de la autoría islámica.

A la 1:30 de esa misma noche concluyeron las autopsias en IFEMA sin que apareciera ninguno de los suicidas a los que habían hecho referencia Rodríguez Zapatero y los miembros de las fuerzas de seguridad que habían llamado a distintos medios de comunicación. A esa misma hora aproximadamente aparecía la mochila 13, la célebre mochila de Vallecas. Sobre las 3 de la madrugada comenzaron los trabajos de «desactivación» de un objeto cuya condición fraudulenta dejarían de manifiesto investigaciones posteriores. Las tareas duraron hasta las 4:45 aproximadamente y en el curso de las mismas no se permitió a la Policía científica proceder a fotografiar el objeto.

En el interior de la mochila —en realidad una bolsa de viaje de loneta— aparecieron 10,120 kg de Goma-2 ECO; 600 kg de clavos y tornillos mezclados con el explosivo, un detonador eléctrico de cobre, un teléfono Trium que debía hacer actuar el detonador, pero que no estaba conectado con éste, una tarjeta telefónica de Amena y el cargador del teléfono. Tiempo después se sabría que tanto el explosivo como el cargador eran similares a los introducidos en la furgoneta de Alcalá, lo que indica una misma mano tras la manipulación de ambas pruebas; que los cables del teléfono no estaban conectados a los del detonador —seguramente para minimizar el riesgo que se correría al hallarla—, y que en la mochila no hubo huella dactilar o rastro de ADN de ninguna de las 116 personas detenidas por su relación con los atentados ni tampoco de los denominados «suicidas» de Leganés a los que luego nos referiremos.

El 12-M iba a amanecer con una serie de pruebas falsas colocadas para crear la impresión de que los autores del atentado han sido terroristas islámicos y, sobre todo, con una alianza de PRISA y la oposición para arrojar sobre el gobierno del PP la acusación de que han mentido a los ciudadanos para ocultar que la culpa de los atentados es suya por participar en la guerra de Iraq. Así, a las 6:00 de la mañana, a pesar de que ya habían concluido las autopsias y resultaba obvio que no había terroristas suicidas, la Cadena SER comienza a difundir la falsa noticia añadiendo incluso detalles —por supuesto, falsos también— como el de que el suicida iba depilado y llevaba tres capas de ropa interior.

Con unos ciudadanos convenientemente manipulados por informaciones falsas y tras la aparición de una mochila manipulada, comenzaron a lanzarse acusaciones contra el Gobierno en el sentido de que escondía la verdad porque, al tratarse de un atentado islamista la culpa sería del apoyo a la guerra de Iraq y, por lo tanto, debía el PP perder las elecciones. Ésa es la tesis que avanza a las 9:00 el socialista José Blanco desde Antena 3. Sobre las 12:00, fuentes policiales filtraron a medios de comunicación cercanos al PSOE que la dinamita usada en los atentados era Goma-2 ECO —que ETA no usaba desde hacía mucho tiempo— y que los detonadores y teléfonos apuntaban a islamistas. Era la misma hora en que distintos partidos nacionalistas —Batasuna, el PSC y ERC— ya acusaban abiertamente al Gobierno de mentir. Por su parte, IU, en una vuelta más de tuerca, instaba a la gente a acudir a las manifestaciones de la tarde con pancartas de «No a la guerra». Una hora después, la SER difundía el hallazgo de la mochila de Vallecas y su composición subrayando que no eran los elementos habituales utilizados por ETA. En una ofensiva en toda regla contra el Gobierno, Localia —otra televisión del Grupo PRISA— señala a las 17:00 que la policía apunta a una autoría islamista. Es la misma hora en que la Cadena SER reproduce unas palabras de Aznar sobre un intento de atentado de ETA en Baqueira-Beret con doce mochilas bomba, para, a continuación, emitir unas declaraciones del portavoz de la policía autónoma de Cataluña diciendo que no tenía constancia de ningún intento de atentado en Baqueira. Lo cierto, sin embargo, era que Aznar estaba diciendo la verdad y que ETA había intentado, pocas semanas antes del 11-M, ese atentado en Baqueira contra la familia real. A las 19:00 —cuando comenzaban las manifestaciones en las principales ciudades de España—, Carlos Llamas afirmaba que ETA negaba cualquier responsabilidad en el atentado y contrastaba las afirmaciones de la organización terrorista con la insistencia de Acebes por dejar abiertas dos vías de investigación. PRISA estaba lanzando un mensaje diáfano: el Gobierno de Aznar mentía, la responsabilidad de los atentados era islamista y la causa era la intervención en la guerra de Iraq por deseo del Gobierno del PP. De manera nada sorprendente, los miembros del PP serán increpados en las manifestaciones. De hecho, Rodrigo Rato y Josep Piqué, ministros del PP, llegaron incluso a ser agredidos en la manifestación de Barcelona.

Sin embargo, aún faltaba el último movimiento que permitiera dar la apariencia de que todas las piezas encajaban desacreditando al Gobierno y culpándolo de los atentados. Estaría relacionado con el teléfono y la tarjeta telefónica hallados en el interior de la mochila de Vallecas. La tarjeta —652282963— conducía a una pequeña tienda de Alcorcón que proveía a un locutorio de Lavapiés. El número de serie impreso en la carcasa del teléfono llevaba a la tarjeta telefónica 660955944 que MoviStar no sabía dónde había vendido y el número de serie interno del teléfono —que llevaba a la tarjeta 680713060— no coincidía, lo que lleva a pensar que al realizar el montaje se llevó a cabo con tal apresuramiento que se cayó en ese error. De momento, esa circunstancia no estaba al alcance de los ciudadanos y a las 19:00 prestó declaración en la Brigada provincial de Información una gitana usuaria de la tarjeta 660955944 que afirmó haber comprado el teléfono en enero en la calle Rafaela Ybarra 40, en la tienda de «unos árabes» que, en realidad, eran unos hindúes, sutileza étnica y religiosa que, por supuesto, las fuerzas que se movían para impulsar el triunfo electoral de Rodríguez Zapatero y la derrota del PP no iban a publicar. A decir verdad, a esas alturas ya festejaban con anticipación su triunfo. A las 21:45, Alfredo Pérez Rubalcaba, José Blanco, el consejero de RTVE, Miguel Ángel Sacaluga y los miembros del comité electoral socialista Óscar López, Nacho Varela y César Mongo cenaban en el restaurante La Hacienda. Allí recibieron una llamada de Rafael Vera, socialista condenado por su relación con el terrorismo de Estado de los GAL, para informarles de que al día siguiente habría detenciones de islamistas. Mientras los socialistas reunidos en el restaurante celebraban la noticia como preámbulo de una victoria electoral, la SER continuaba con su labor de agitación afirmando: «Hay una bolsa bastante importante de indecisos y, evidentemente, la identificación del atentado con Al-Qaeda puede hacer reflexionar a la gente.» En apenas unas horas, la SER había cambiado radicalmente su postura, esta vez, a favor del PSOE.

La llegada del día de reflexión —13 de marzo— se produjo en una situación de enorme agitación. Mientras dirigentes de IU y del PSOE movilizaban a sus bases por sms para cercar las sedes del PP a las 18:00; mientras continuaba la labor de intoxicación —circularon rumores totalmente falsos de que Europol se había quejado de la falta de colaboración de las autoridades españolas o de que los mandos de la lucha antiterrorista protestaban contra las trabas puestas por el Gobierno—; mientras el jefe de la Unidad Central de Inteligencia Exterior, Mariano Rayón, presionaba a través de sus efectivos a los dueños de la tienda de Alcorcón donde se había vendido la tarjeta telefónica encontrada en la mochila de Vallecas para que «colaboraran», se ocultaba a la opinión pública el testimonio de la taquillera de la estación de Alcalá que cuenta cómo vendió un billete a una persona cubierta con pasamontañas que hablaba español sin acento extranjero, y que era el individuo que supuestamente había sido visto por el portero de Alcalá al lado de la famosa furgoneta Kangoo. De hecho, a las 15:05, Javier Álvarez, en la Cadena SER, daba la siguiente noticia: «El Centro Nacional de Inteligencia cree que el atentado es obra del terrorismo islámico. Fuentes del CNI han confirmado a esta redacción que todos sus agentes trabajan ya al 99 por ciento de posibilidades de que nos encontramos ante un atentado de corte radical islamista cometido por un grupo numeroso, entre 10 y 15 individuos, que pueden estar ya fuera del país, que colocaron las mochilas e inmediatamente después huyeron.» De manera bien reveladora, la SER ya no hablaba de esos inexistentes suicidas a los que tanto se habían referido. La nueva intoxicación señalaba que los terroristas habían huido del país. Diez minutos después, la policía detenía a los indios Suresh Kumar y Vinay Kohly, y a las 15:30 sucedía lo mismo con los marroquíes Jamal Zhougham, Mohamed Chaoui y Mohamed

Bakkali. Que Dezcallar desmintiera a las 16:50 la noticia —de nuevo falsa— dada por la Cadena SER, acerca de que el CNI sólo investigaba la pista islámica, no tendría ya ninguna repercusión. De hecho, la cadena radiofónica de PRISA protagonizaría un crescendo en las siguientes horas. Así, a las 18:00 la Cadena SER afirmaba en su boletín informativo que «IU, después de la comparecencia de Ángel Acebes, ha denunciado una estrategia de manipulación informativa por parte del Partido Popular, lo que la coalición llama un golpe de Estado informativo del PP». Media hora más tarde, la misma cadena se lanzaba a informar sobre las concentraciones ante las sedes del PP, lo hacía en paralelo a CNN+, una de las cadenas de televisión de PRISA. A las 19:52, la SER lanzaba la noticia de las detenciones de los supuestos terroristas islámicos.

En paralelo, una persona con acento árabe había llamado a Telemadrid informando de que había dejado una cinta de reivindicación en una papelera cercana a la mezquita de la M-30. A las 20:15, la encontrarían tres policías de la comisaría de Ciudad Lineal... en manos de un policía retirado llamado José Vicente Ayala.

A esas alturas, la situación se ha convertido en insostenible en las sedes del PP. A lo largo del territorio nacional, no pocas de ellas están literalmente cercadas por manifestantes que acusan al Gobierno de mentir y le culpan de la matanza por haber favorecido la intervención en Iraq. Los gritos de «Asesinos» se dirigían así no contra los que habían llevado a cabo los atentados sino contra el Gobierno del PP. Ante lo dramático del momento, a las 20:30, Rajoy convocó una rueda de prensa para denunciar las manifestaciones ante las sedes del PP en plena jornada de reflexión. Justo una hora después, Alfredo Pérez Rubalcaba dio a su vez otra rueda de prensa en la que afirmó:

«Los ciudadanos españoles se merecen un gobierno que no les mienta, un gobierno que les diga siempre la verdad.» En un acto sin precedentes, Rubalcaba acababa de violar la jornada de reflexión previa a las elecciones. Lo irónico —y trágico— de la situación era que Rubalcaba había sido portavoz de los gabinetes socialistas de la corrupción y del terrorismo de Estado del GAL y que la intoxicación de la opinión pública procedía precisamente de medios de comunicación cercanos al PSOE. Por añadidura, a las 22:15, en la tertulia de la Cadena SER, Santiago Belloch afirmaba refiriéndose al Gobierno del PP: «Lo impensable se está produciendo, el intento de manipulación en un período electoral.» A las 22:30, el PP denunciaba ante la Junta electoral central las manifestaciones que se producían ante sus sedes. La denuncia no tendría ningún resultado práctico.

A las 12:30 de la noche, Acebes compareció en una nueva rueda de prensa para informar de la aparición del supuesto vídeo de reivindicación y entregar la traducción del comunicado contenido en el mismo. En los años siguientes, no se lograría saber ni quién llamó a Telemadrid para informar del vídeo ni tampoco quién lee en él. A la 1:00 de la madrugada, la SER afirmaba que tenía conocimiento desde la mañana del sábado 13 de la existencia del vídeo de reivindicación. Se trataba de una nueva —y escandalosa— mentira. Era imposible que la SER tuviera conocimiento desde por la mañana de la existencia del vídeo, porque los análisis periciales han demostrado que se grabó por la tarde.

El 14-M fue una jornada electoral llena de irregularidades. Candidatos, interventores y apoderados del PP fueron objeto de insultos y, en ocasiones, de golpes. Sin embargo, nadie sería procesado por ese comportamiento ni tampoco por haber violado la jornada de reflexión. Por añadidura —y éste es el factor más importante— los españoles acudieron a las urnas bajo la terrible impresión del 11-M y de la información difundida en las horas siguientes, una información que apuntaba a que el Gobierno había mentido y a que era el responsable de la matanza por haber apoyado la guerra de Iraq. El resultado electoral fue el previsible tras la intensa tarea de agitación y propaganda, y Rodríguez Zapatero se alzó con la victoria electoral: el PSOE obtuvo 164 escaños, 10.909.687 votos y el 42,64 por ciento del total; frente a los 148 escaños, 9.630.512 votos y el 37,64 por ciento del PP.

Meses después, el económetra de la Universidad Pompeu Fabra de Barcelona, José García Montalvo, realizaría un estudio estadístico que concluía que el PP hubiera ganado con holgura las elecciones del 14 de marzo de no haberse perpetrado los atentados del 11-M. De hecho, el PP habría obtenido entre el 42 y el 45 por ciento de los votos y el PSOE no más del 37 por ciento.

De momento, sin embargo, el 14 de marzo, el cambio de partido en el Gobierno se había realizado y esa misma noche Arnaldo Otegui, miembro relevante de Batasuna-ETA, telefoneó a sus contactos en el partido socialista para indicarles que continuaban las conversaciones encaminadas a llegar a un acuerdo. Cuestión aparte es que siguieran sin conocerse quiénes habían sido los autores de los atentados. Durante los meses siguientes, se produciría un fenómeno digno de figurar en la historia de los medios de comunicación. Mientras Rodríguez Zapatero insistía en defender la «versión oficial» apoyado por el PSOE, IU y las fuerzas nacionalistas, la sociedad española fue testigo de acciones políticas que parecían indicar más un cambio de régimen que de Gobierno. Así, Rodríguez Zapatero respaldó la redacción de un nuevo estatuto de Cataluña que desbordaba ampliamente el contenido de la Constitución y, sobre todo, publicó que mantenía conversaciones con la banda terrorista ETA. Era obvio que el nuevo presidente del Gobierno estaba trazando un nuevo panorama político en el que la alianza con los nacionalistas —incluidos los que tenían las manos empapadas en sangre de inocentes— le permitiría perpetuarse en el poder. Partiendo de esa base, no puede sorprender que la Comisión del Congreso encargada de la investigación de los atentados del 11-M —en la que existía una clara mayoría de izquierdas y nacionalistas— se aferrara a la versión oficial de los atentados y bloqueara de manera sistemática la comparecencia de testigos que hubieran sido esenciales para esclarecer los hechos. A pesar de todo —y resulta bien revelador— la Comisión oficial no se atrevió —como habían hecho las izquierdas, los nacionalistas o el Grupo PRISA— a relacionar los atentados con la guerra de Iraq. Se trataba de una mentira demasiado grosera como para continuar enarbolándola y más cuando la meta del 11-M —un cambio de Gobierno— se había conseguido sobradamente.

Durante un trienio, el único desafío a la versión oficial procedió de un sector reducido de medios de comunicación —*El Mundo*, la COPE y *Libertad digital*— que siguió investigando los hechos y encontrando, paso a paso, que la mochila de Vallecas era un fraude, que la furgoneta había sido llenada con objetos que, originalmente, no estaban en su interior o que los detenidos por la causa del 11-M no tenían nada que ver con los atentados. Por supuesto, a esas alturas no sólo no se podía sostener —ni siquiera lo hacía la mayoría de los que lo habían hecho— que los atentados habían tenido relación con la guerra de

Iraq, sino que además las investigaciones policiales habían dejado de manifiesto que el único objetivo de los atentados había sido provocar un vuelco electoral. Fue así como a finales del año 2007 se llegó a la sentencia de la Audiencia Nacional sobre el 11-M.

Aunque con posterioridad se ha sabido que los juzgadores se volvieron atrás en algunos de sus planteamientos iniciales —por ejemplo, el procesamiento de policías que mintieron o destruyeron pruebas—, lo cierto es que la sentencia de la Audiencia Nacional pulverizó la «versión oficial», es decir, la misma que había llevado a Rodríguez Zapatero a la Moncloa. En primer lugar, la sentencia señalaba que la guerra de Iraq no había tenido nada que ver con los atentados del 11-M. Igualmente, la sentencia dejaba establecido que Al-Qaeda no había tenido parte en el 11-M y, por si todo lo anterior fuera poco, señalaba que se desconocía quiénes habían sido los autores intelectuales del atentado.

Para remate, de los cerca de treinta acusados de la causa del 11-M sólo tres fueron condenados como autores materiales del 11-M, tres que uno de los investigadores de los atentados definió con bastante acierto como «dos moritos de Lavapiés y un esquizofrénico asturiano». La sentencia, de hecho, absolvió a Rabei Osman Mohamed *el Egipcio* que, según la fiscal, era el autor intelectual de la matanza, y a otros seis acusados; e impuso condenas menores al resto de los condenados por delitos que aunque se descubrieron durante la instrucción de la causa, no tienen que ver con las matanzas del 11-M.

Sí, con todas sus limitaciones, la sentencia aniquilaba la versión oficial del 11-M y, como punto final, abría las puertas para seguir investigando los atentados e incluso iniciar acciones legales contra agentes policiales que, presuntamente, hubieran podido actuar delictivamente. Así ha sido. Tras una sentencia del Tribunal Supremo que confirmó la dictada por la Audiencia Nacional, las familias de las víctimas comenzaron las acciones legales contra policías como Jesús Sánchez-Manzano, jefe de los Tedax, durante los atentados que, presuntamente, había mentido ante instancias judiciales y había destruido pruebas tan relevantes como los vagones de los trenes o los restos de explosivo. Se apoyaban para esta acción, entre otros aspectos, en el informe de uno de los peritos del 11-M que demostraba que el explosivo utilizado en los atentados no había sido Goma-2 Eco sino Titadyne.

La acción de las víctimas contra Sánchez-Manzano vino antecedida por una querella presentada el 30 de enero de 2008 por éste contra Casimiro García-Abadillo, Pedro J. Ramírez, Federico Jiménez Losantos, Fernando Múgica y el diario *El Mundo*, es decir, un sector importante de la escasa prensa independiente que se había esforzado durante años por averiguar la verdad sobre los atentados del 11-M.

Sánchez-Manzano consideraba lesivas contra él las informaciones debidas a los citados periodistas y que tenían que ver con la supuesta relación entre él y Carmen Toro, una de las imputadas del 11-M; el no envío a la Policía Científica de las muestras de los trenes; la existencia de un componente ajeno a la Goma-2 Eco en los análisis realizados; la custodia y análisis de muestras; los informes sobre antecedentes de atentados de ETA similares al 11-M; las posibles falsedades en relación con el teléfono móvil encontrado en la mochila de Vallecas, y otras.

Finalmente, en septiembre de 2009, se comunicó a las partes la resolución judicial referente a la citada demanda dictada en el juzgado de 1.ª instancia núm. 56. La sentencia establecía de manera detallada y ecuánime la delimitación de los derechos de información y de libertad de expresión señalando con abundante base jurisprudencial que todos los demandados se habían limitado a realizar su trabajo bajo la cobertura de tales derechos y, por lo tanto, no habían cometido ninguna acción ilícita. Igualmente, la sentencia indicaba literalmente que «la narración de hechos que contienen los textos analizados... no resulta falsa en cuanto a la información transmitida, no difunde simples rumores, meras invenciones o puras insinuaciones, sino que, al contrario, se corresponden a grandes rasgos con el desarrollo y devenir del curso de las diligencias policiales y sumariales». Por si todo lo anterior fuera poco, igualmente la sentencia indicaba que «resultan constatados presupuestos fácticos como la relación entre la imputada Carmen Toro y Sánchez Manzano y que se ocultó la relación existente entre el modus operandi de los móviles usados en el 11-M y el utilizado por la banda terrorista ETA». También recogía la sentencia que se había ocultado al juez competente la radiografía realizada a la mochila de Vallecas; que, efectivamente, era imposible que el teléfono TRIUM 110 hallado en la mochila de Vallecas guardase en su memoria la fecha y la hora para la que estaba programado; que Sánchez Manzano se contradijo al hablar de los componentes del explosivo utilizado en los atentados del 11-M, y que fue irregular la designación de perito.

También señalaba la sentencia que se había obviado la existencia de Titadyne, explosivo utilizado por ETA, y que el traslado de restos y vestigios se había llevado a cabo sin inventario previo y clasificación oportuna.

De todo lo anterior, se desprendía que no habían constituido intromisión alguna en el derecho al honor de Sánchez Manzano ni dejaban de ser una crítica legítima el haber utilizado en relación con él y con su trabajo relativo al 11-M expresiones como «falsedad», «engañó», «hurtó», «amañado», «tergiversado», «mintió», «fiasco», «chapuza», «marrullería» y semejantes.

Junto a lo anterior, la sentencia daba un salto cualitativo extraordinario al indicar quién podía estar detrás de unos atentados que, de manera totalmente falaz e interesada, se habían atribuido a Al-Qaeda y a la intervención española en la guerra de Iraq. Así, estimaba que opinar que el 11-M se había engendrado muy probablemente en el seno o al menos en el regazo del Estado resultaba factible dado el antecedente del llamado caso GAL, protagonizado, por cierto, por políticos del partido socialista.

No puede sorprender que, con estas conclusiones, el tribunal desestimara íntegramente la demanda interpuesta por Sánchez Manzano contra Casimiro García-Abadillo, Pedro J. Ramírez, Federico Jiménez Losantos, Fernando Múgica y el diario *El Mundo*. Al día siguiente de comunicarse la sentencia, en el programa «Es la mañana de Federico» de la cadena Es.Radio, Ángeles Domínguez, presidenta de la Asociación de Ayuda a las víctimas del 11-M afirmaría que Es.Radio es «la referencia máxima de la libertad en las radios de España», añadiendo además: «Y la voz de las víctimas del 11-M.»

El terrible atentado del 11-M tuvo como consecuencia querida e inmediata la victoria de Rodríguez Zapatero en las elecciones del 14-M y el desplazamiento del PP del poder. También fue secuela directa e inmediata el intento de impedir que se supiera la verdad de lo sucedido. A esa tarea de ocultación, protagonizada especialmente por políticos, no dudaron en sumarse diversos medios de comunicación que, en ocasiones, guardaron silencio y, en otras, llegaron incluso a acuñar un calificativo injurioso, el de «conspiranoicos», dirigido contra todos aquellos que ansiaban saber la verdad y no estaban dispuestos a aceptar acríticamente la denominada versión oficial, versión que, como hemos visto, ya había quedado pulverizada por las sentencias judiciales dictadas por la Audiencia Nacional y el Tribunal Supremo.

En tan sólo una semana de septiembre de 2009 quedó, por añadidura, de manifiesto que Sánchez Manzano había actuado en contra de los protocolos de los Tedax, lo que había tenido como consecuencia directa la destrucción de pruebas que podrían haber llevado hasta los asesinos del 11-M, y que las informaciones de los denominados «conspiranoicos» —Casimiro García-Abadillo, Pedro J. Ramírez, Federico Jiménez Losantos o Fernando Múgica a los que hubiera podido sumarse en puridad el que quizás ha sido el mayor investigador del 11-M, Luis del Pino— se correspondían con la realidad hasta el punto de que resulta posible que el 11-M fuera una trama similar a la que tejió el Gobierno socialista en relación con el terrorismo de Estado de los GAL.

A día de hoy, seguimos sin saber quién planeó, ordenó y ejecutó las matanzas del 11-M así como de quién partió la orden de destruir las pruebas que podían conducir a los culpables. Sin embargo, el cerco —gracias a la labor denodada de la prensa independiente— se ha ido estrechando sobre los culpables y tenemos la certeza de que la versión oficial, la que propagaron el Grupo PRISA y el PSOE, IU y los nacionalistas; la que señalaba a Al-Qaeda como responsable; la que atribuía los atentados a la intervención española en la guerra de Iraq era una mentira total.

BIBLIOGRAFÍA COMENTADA

CAPÍTULO I

La existencia de España como nación no ha sido cuestionada históricamente hasta tiempos muy recientes con la aparición de movimientos políticos que pretendían un carácter nacional —ilusorio y sin base histórica— para determinadas regiones españolas que, de manera bien reveladora, nunca tuvieron ni siquiera categoría de reino. Las fuentes históricas no dejan al respecto dudas. España fue vista ya como nación en las *Etimologías* de Isidoro de Sevilla (Edición de la BAC, Madrid, 1982), la primera enciclopedia de la Historia adelantándose en casi milenio y medio a la francesa del s. XVIII.

Puede verse también ese aspecto en la *Estoria de Espanya* de Alfonso X el Sabio, la *Crònica de Espanya* de Ribera de Perpeja e incluso en la *Crònica* de Bernat Desclot. He recogido ese aspecto en una obra que ha gozado de un enorme éxito de público y ha sido objeto de más de una decena de ediciones: *España frente al Islam*. En ella puede verse cómo una serie de monarcas medievales ya se contemplaron encargados de la tarea de devolver la unidad política a una España fragmentada por la invasión islámica del s. VIII.

CAPÍTULO II

La existencia de una Reforma española ha sido negada de manera sistemática e interesada. Por un lado, para la historiografía católica —convencida de que la gloria de España había sido la de ser «luz de Trento y martillo de herejes»— resultaba intolerable semejante posibilidad y se intentó sistemáticamente convertirla en un fenómeno minoritario y perverso. Por otro, la historiografía de izquierdas no veía con agrado un movimiento ideológico previo a su aparición en varios siglos y, por añadidura, de aliento cristiano. Sin duda, una de las áreas históricas en la que habrá que profundizar en el futuro se halla en el terreno de la Reforma.

Obras como las de T. M'Crie, *La Reforma en España en el siglo XVI*, Buenos Aires, 1942, son únicamente una breve introducción a un fenómeno que se extendió, a pesar de la persecución inquisitorial, durante siglos.

He estudiado los antecedentes de la Reforma protestante del s. XVI en *El caso Lucero*, ensayo histórico que obtuvo el Premio Finis Terrae en 2008.

Por lo que se refiere a autores como Juan de Valdés también está pendiente la elaboración de su biografía aunque existen algunos aportes de relevancia como *Juan de Valdés y los inicios de la Reforma en España e Italia*.

De especial relevancia para captar la manera en que el protestantismo aguantó varias generaciones en España a pesar de una persecución encarnizada son las obras de

W. Thomas, *Los protestantes y la Inquisición en España en tiempos de Reforma y Contrarreforma*, Leuven, 2001 y *La represión del protestantismo en España 1517-1648*, Leuven, 2001.

CAPÍTULO III

La figura de Don Carlos no puede estudiarse sin referencia a la proyección artística que ha tenido. En ese sentido, es de interés la lectura del drama del mismo título debido a Schiller y la ópera de Verdi *Don Carlo*.

El mejor libro sobre el tema sigue siendo, a pesar del paso del tiempo, el de L. P. Gachard, *Don Carlos y Felipe II*, Barcelona, 1963. También de interés resulta el de Cesare Giardini, *El trágico destino de don Carlos*, Barcelona, 1940.

Para un panorama de la época —un tanto apologético, pero exento de errores a diferencia de la biografía de Henry Kamen— es la obra de Manuel Fernández Álvarez, *Felipe II y su tiempo*, Madrid, 1998.

CAPÍTULO IV

La obra clásica para el estudio del Corpus de sangre y los acontecimientos posteriores sigue siendo la de Francisco Manuel de Melo, *Historia de los movimientos, separación y guerra de Cataluña*.

Modernamente, el Corpus de sangre no ha sido objeto de una monografía completa salvo algunos intentos parciales como el de J. León-Ignacio, *Corpus de sangre*, Barcelona, 1974.

De enorme interés para analizar el papel del conde-duque de Olivares en las circunstancias que acabaron precipitando el conflicto son las biografías de G. Marañón, *El conde-duque de Olivares*, Madrid, 1962 —insuperada hasta la época— y la de J. H. Elliott, *El conde-duque de Olivares*, Barcelona, 1998.

CAPÍTULO V

La figura de Cervantes ha sido objeto de distintas interpretaciones interesadas que han afectado incluso a su estirpe. Es el caso de *El pensamiento de Cervantes*, Madrid, 1980, de Américo Castro, empeñado en convertirlo en miembro de familia de conversos. He abordado el tema en mi *Diccionario del Quijote*, Barcelona. El mejor estudio, no obstante, sobre el personaje —insuperado hasta la fecha— es el de Luis Astrana Marín, *Vida ejemplar y heroica de Miguel de Cervantes*, Madrid, 1958.

CAPÍTULO VI

De manera bien reveladora no existe una biografía documentada de Rafael Casanova en la actualidad, si bien desde finales del s. XIX aparecieron algunos panfletos que insistían en presentarlo como paladín de una supuesta independencia catalana.

Para el contexto, sigue siendo de utilidad G. Anes, *El Antiguo Régimen: los Borbones*, Madrid, 1975.

Desde una perspectiva militar, el conflicto puede estudiarse en R. Saez Abad, *La guerra de Sucesión*, Madrid, 2007 y, sobre todo, en C. Martínez Campos, *España bélica. Siglo XVIII*, Madrid, 1968.

Aunque se han publicado algunas monografías locales sobre la Guerra de Sucesión que resultan notables, sigue sin existir una «Historia global de la Guerra de Sucesión» (el texto de Henry Kamen ni lejanamente puede ser considerado como tal) que aborde todas las cuestiones nacionales e internacionales relacionadas con este conflicto.

CAPÍTULO VII

No deja de ser reveladora la manera en que el tema de Gibraltar ha sido abandonado en la historiografía —y en la diplomacia— de los últimos años. De interés son las obras del marqués de Mulhacén, *El Mediterráneo y la cuestión de Gibraltar*, San Sebastián, 1939 y *Política mediterránea de España 1704-1951*, Madrid, 1952. Con todo, la exposición más completa —recopilada a finales de los sesenta del s. XX en paralelo a las reclamaciones de Gibraltar por España ante la ONU— se encuentra en *Razones de España sobre Gibraltar*, Madrid, 1966.

CAPÍTULO VIII

La obra clásica para el estudio de la Guerra de la Independencia sigue siendo la del conde de Toreno, *Historia del levantamiento, guerra y revolución de España*, Madrid, 1953, reeditada en 2008. Un enfoque más contemporáneo lo hallamos en G. H. Lovett, *La Guerra de la Independencia y el nacimiento de la España Contemporánea*, 2. vols., Barcelona, 1975.

Sobre el Dos de Mayo resultan de interés las de J. C. Montón, *La revolución armada del Dos de Mayo en Ma-*

drid, Madrid, 1983, y César Vidal, *1808: España contra el invasor francés*, Barcelona, 2008.

Acerca del trasfondo de la época, véase J. Fontana, *La crisis del Antiguo régimen (1808-1833)*, «Crítica», Grijalbo, 1979.

La figura de Godoy resulta de especial interés para comprender la crisis que desencadenó la invasión napoleónica y el final del Antiguo Régimen. Él mismo dejó unas indispensables *Memorias*, editadas en Madrid, 1965, por Carlos Seco Serrano. Merece también la pena el examen de las obras de A. Bullón de Mendoza, *Don Manuel Godoy, Príncipe de la Paz. Estudio histórico,* Badajoz, 1968; de L. González Santos, *Godoy,* Madrid, 1994; de D. Hilt, *The Troubled Trinity: Godoy and the Spanish Monarchs,* Tuscalosa (Alabama), 1987, y de E. y M. A. La Parra, *Manuel Godoy y la Ilustración,* Mérida, 2001.

CAPÍTULO IX

Sobre la época sigue siendo de interés *La España de Fernando VII* de Miguel Artola, Madrid, 1999, publicada por primera vez en 1968 como parte de la *Historia de España* dirigida por Ramón Menéndez Pidal.

De interés sobre el contexto es *La Granada de Mariana Pineda*, Granada, 2008, de M. A. Gálvez Ruiz y P. Sánchez Gómez.

Mariana Pineda sigue sin tener una biografía científica completa. La de A. Rodrigo, *Mariana Pineda, heroína de la libertad*, Barcelona, 1977, no pasa de ser una hagiografía discutible. De mayor interés son las obras de M. Tudela, *Mariana Pineda*, Barcelona, 1985, y E. D. de la Higuera, *Mariana Pineda, la hermosa de Granada*, Granada,

1993. Un análisis muy digno de ser tenido en cuenta es el de Francisco Izquierdo, *Mariana Pineda, mártir de la leyenda*, en el 200 aniversario de su nacimiento, 1804-2004, que fue pronunciado como discurso de recepción como académico supernumerario en la Academia de Buenas Letras de Granada.

Por supuesto —como en el caso de Don Carlos— resulta indispensable leer el drama de Federico García Lorca dedicado a Mariana Pineda.

CAPÍTULO X

Sobre la época sigue siendo de interés *La España de Fernando VII* de Miguel Artola, Madrid, 1999, publicada por primera vez en 1968 como parte de la *Historia de España* dirigida por Ramón Menéndez Pidal. De lectura interesante son las obras de I. M. Burdiel, *Isabel II*, Madrid, 2008, y de S. Miguens, *Isabel II de Borbón: la reina de los tristes destinos*, Madrid, 2007.

He abordado también el tema sucesorio en C. Vidal, *De Isabel a Sofía*, Barcelona, 2007.

Sobre el carlismo, pueden examinarse desde perspectivas distintas J. Canals, *El carlismo: dos siglos de contrarrevolución en España*, Madrid, 2004, y J. C. Clemente, *El carlismo: historia de una disidencia social*, Barcelona, 1990.

CAPÍTULO XI

El papel —decisivo— de la masonería en el proceso de emancipación de Hispanoamérica lo he examinado previamente en C. Vidal, *Los masones*, Barcelona, 2006. De carácter más monográfico son los aportes de R. Piccirilli, *San Martín y la logia Lautaro*, Buenos Aires, 1958, y de J. A. Ramos, *Historia política del ejército argentino: de la Logia Lautaro a la industria pesada*, Buenos Aires, 1959.

Sobre la figura de Boves resultan de relevancia los estudios de A. Valdivieso Montaño, *Tomás Boves. El más recio paladín hispano en la Venezuela insurgente de la «guerra a muerte» (1812-1814)*, Oviedo, 1990, y de J. Semprún, *La división infernal: Boves vencedor de Bolívar*, Madrid, 2002. Una interesante aproximación novelística la encontramos en F. Herrera Luque, *Boves el urogallo*, Madrid, 1975.

CAPÍTULO XII

La dictadura de lo políticamente correcto ha ido orillando el tema de la Generación del 98 muy posiblemente porque, a pesar de lo que se quiera decir, resulta imposible encuadrarla en la historia de la izquierda. Algo muy distinto sucedió con la derecha autoritaria como queda de manifiesto en el estudio, por otro lado notable, de Pedro Laín Entralgo, *La Generación del 98*, Buenos Aires, 1947. De interés son también las obras de Antonio F. Molina, *La Generación del 98*, Barcelona, 1968; L. S. Granjel, *La Generación literaria del 98*, Madrid, 1971, y D. L. Show, *La Generación del 98*, Madrid, 1980. Sobre la represión desencadenada por el Frente popular sobre artistas e intelectuales —no pocos de ellos de la Generación del 98— remito al lector a C. Vidal, *Checas de Madrid*, Barcelona, 2003.

CAPÍTULO XIII

He analizado el peso considerable de la masonería en la proclamación de la Segunda República y la redacción de la Constitución en *Los masones*, Barcelona, 2006, y *La guerra que ganó Franco*, Barcelona, 2006.

Un estudio desde una perspectiva favorable a la masonería —como lo es, en general, su bibliografía— en J. A. Ferrer Benimelli, «La masonería y la Constitución de 1931», *Cuadernos de Investigación Histórica*, Madrid, núm. 5 (1980).

De más interés es la obra de María Dolores Gómez Molleda, *La masonería en la crisis española del siglo* XX, Madrid, 1998, así como las que al tema ha dedicado el historiador Ricardo de la Cierva.

CAPÍTULO XIV

El relato más completo sobre la promulgación del voto femenino se halla en las propias obras de Clara Campoamor, *La revolución española vista por una republicana*, Sevilla, 2007, y *El voto femenino y yo: mi pecado mortal*, Sevilla, 2001.

Otras referencias —mucho menos positivas— podemos hallarlas en las memorias de personajes de la época como Manuel Azaña o Francisco Largo Caballero.

CAPÍTULO XV

Desde hace años, la obra paradigmática sobre la revolución de 1934 es la de Pío Moa, *Los orígenes de la guerra civil española*, ampliada y reeditada en 2009. Los argumentos de Moa —basados en un estudio exhaustivo de las fuentes de la época, especialmente socialistas— no han sido rebatidos aunque sí objeto de censura en ciertos medios.

De manera más breve he analizado el tema en C. Vidal, *La guerra que ganó Franco*, Madrid, 2006.

CAPÍTULO XVI

La represión llevada a cabo por el Frente popular ha sido ocultada de manera sistemática al reducirla a acciones espontáneas de incontrolados. Ya deshice semejante mito en *Checas de Madrid*, Barcelona, 2003, y volví sobre él al analizar las matanzas masivas de Paracuellos en *Paracuellos-Katyn*, Madrid, 2005, una obra en la que aportaba por vez primera toda la documentación soviética sobre el tema, incluido el intento de asesinar por pilotos soviéticos a las órdenes del Gobierno republicano a las personas que llevaban a la Cruz Roja la documentación sobre el tema.

De especial relevancia y masivamente documentado es el libro de Ricardo de la Cierva, *Media nación no se resigna a morir*, Madrid, 2002, y *113.178 caídos por Dios y por España*, Madrid, 2009.

CAPÍTULO XVII

La traición del PNV fue establecida de manera documental irrefutable por G. Morán en *Los españoles que dejaron de serlo*, Barcelona, 1982. Morán había tenido acceso a los archivos del PNV y exhumó la documentación en que se informaba a los mandos nacionalistas de cómo se había traicionado al Frente popular proporcionando al ejército de Franco los datos relativos a las ofensivas que iba a desencadenar el Ejército popular de la República.

He abordado el tema de manera más amplia en C. Vidal, *La guerra que ganó Franco*, Barcelona, 2006. Posterior y de interés es el libro de X. Candano, *El pacto de Santoña: la rendición del nacionalismo vasco al fascismo*, Madrid, 2007.

CAPÍTULO XVIII

Negrín fue un personaje profundamente odiado por los propios republicanos por su sumisión a Moscú, una circunstancia que explica el golpe que contra él articularon todas las fuerzas políticas con exclusión del PCE y que hallamos en las memorias de personajes como el anarquista Cipriano Mera o el coronel republicano Casado. Ese aspecto, junto con el de su entrega a Stalin que ha sido totalmente desvelada por la documentación soviética, demuestra el carácter hagiográfico de ciertas obras recientes sobre Negrín.

De especial interés sobre la descomposición del Frente popular es la obra de Ricardo de la Cierva, *Agonía y victoria: el final de la guerra civil (1939)*, Barcelona, 1997. La primera publicación de los documentos soviéticos en los que se demostraba su pacto con los agentes de Stalin para establecer una dictadura en España al acabar la Guerra Civil apareció en C. Vidal, *Checas de Madrid*, Barcelona, 2003. Con posterioridad, abundé en el tema en *La guerra que ganó Franco*, Barcelona, 2006. De enorme relevancia para el tema es la *Historia actualizada de la Segunda República y de la guerra civil*, Madrid, 2003, de Ricardo de la Cierva.

CAPÍTULO XIX

Los datos mencionados en este capítulo son de fácil comprobación meramente acudiendo a los catálogos de las editoriales mencionadas o comprobando la fecha de publicación o edición de las obras en catalán. El acercamiento de Falange a la lengua catalana ha sido explicado por Dionisio Ridruejo en *Casi unas memorias*, Barcelona, 1976. El papel de Cataluña durante el régimen franquista —especialmente de Barcelona— como uno de los escaparates del Régimen de cara al exterior ha sido analizado de manera muy interesante por Guillermo Díaz-Plaja en *Sociología cultural del posfranquismo*, Barcelona, 1979.

CAPÍTULO XX

El 11-M fue objeto casi desde el principio de aportes bibliográficos. En algún caso —verdaderamente bochornoso— se intentó justificar la «versión oficial» como auténtica muestra de servilismo a los vencedores de las elecciones del 14-M y en algún otro —no menos escandaloso— únicamente se arremetió contra los que estaban investigando los atentados tachándolos de «conspiranoicos». Tampoco faltaron los que no pretendían servir de correa de transmisión de la versión oficial, pero aceptaron alguno de sus supuestos previos a la investigación sobre el tema.

El primer estudio serio —aunque, lógicamente, incompleto— sobre el tema fue el libro de Casimiro García-Abadillo, *11-M. La venganza.* También de este autor y del perito Iglesias es la obra *Titadyne*, Madrid, 2009, en la que se desmonta totalmente la versión oficial que atribuía las explosiones a la Goma-2 ECO y queda de manifiesto que se utilizó Titadyne, el explosivo preferido por la banda terrorista vasca ETA.

Con todo, la trilogía indispensable para comprender el 11-M es la debida a Luis del Pino: *Los enigmas del 11-M* —basado en la serie que con el mismo título publicó en *Libertad digital*—, *Mentiras del 11-M* y, sobre todo, *11-M. Golpe de Régimen*, obra esta última absolutamente indispensable.

ÍNDICE ONOMÁSTICO

Abderramán III, 80
Abril, 174
Acebes, Ángel, 302, 303, 310, 312, 313, 315, 318, 321, 322
Acquaviva, cardenal, 78
Aguirre, Esperanza, 302, 303, 314
Aizpún, Rafael, 218
Alarcón, Salvador, 238
Alba, duque de, 54, 56
Albéniz, Isaac, 170
Alberti, Rafael, 174, 176, 177, 180
Albiach Chiralt, Antonio, 242
Albornoz, Álvaro de, 188
Alcalá Zamora, Niceto, 99, 194, 213, 214
Alcover, Federico Arnaldo, 234
Aldecoa Jiménez, Ángel, 238
Alfonso III de León, 21
Alfonso X de Castilla, 21, 22, 23
Alfonso X el Sabio, 331
Alfonso XIII, 200
Almoneda, Ramón, 280
Alonso, Dámaso, 37
Álvarez de Sotomayor, Fernando, 135
Álvarez del Vayo, Julio, 275
Álvarez, Javier, 314, 320
Álvarez, Manolín, 276
Álvarez, Melchor, 122
Álvarez Quintero, hermanos, 169
Álvarez-Buylla, Plácido, 203
Álvarez-Cascos, Francisco, 303
Alvear, Carlos María de, 159
Ana de Austria, reina, 55, 57, 64, 94
Andreyev, 282
Anes, G., 334
Anguera de Sojo, Oriol, 218
Angulema, duque de, 132
Antonio, infante don, 114
Araquistain, Luis, 99
Arias Parga, Fernando, 244
Ariza Colmenarejo, Francisco, 236
Arniches, Carlos, 169, 177
Artola, Miguel, 336-337
Asín Palacios, Miguel, 169

Astrana Marín, Luis, 334
Atkinson, William C., 97
Austria, archiduque Carlos de, 93
Austria, Juan José de, 72
Austrias, los, 25, 29, 45, 63, 85, 86, 87, 93
Avecilla, Sr. D. Ceferino R., 180
Ávila, Teresa de, 75, 79
Ayala, José Vicente, 321
Ayala, Pérez de, 172
Azaña, Manuel, 99, 178, 203, 204, 212, 213, 214, 216, 217, 218, 221, 232, 237, 238, 240, 244, 339
Aznar, José María, 299, 301, 302, 303, 304, 311, 313, 315, 318
Azorín, José Martínez Ruiz, 169, 171

Bakkali, Mohamed, 320-321
Balcarce, Mariano, 158
Balza, Javier, 310
Baroja, Pío, 169, 171, 172
Baroja, Ricardo, 170
Barreda, Fernando de la, 35
Barrena, Pernando, 309
Barrero, Jacobo, 303, 304
Bati, Carmen de, 242
Beauharnais, conde de, 111
Belarmino Tomás, 220, 222
Bellido, José Raúl, 239
Belloch, Santiago, 322
Benavente, Jacinto, 169, 179, 180
Benimeli, Ferrer, 160, 188
Berart, Gabriel, 69
Berenguer III, 22
Berenguer IV, Ramón, 22
Bergamín, José, 176
Berwick, duque de, 87
Besteiro, Julián, 174, 212, 277, 278, 280
Bíclaro, Juan de, 19
Blanco, Eduardo, 308
Blanco, José, 304, 317, 319
Bolívar, Simón, 157, 162, 163, 164
Bonaporte, Carlota, 111
Bonaparte, José, 111, 112, 113
Bonaparte, Napoleón, 109, 110, 111, 112, 113, 122, 124, 125, 156, 157
Bonaparte, Luciano, 111
Borbón, Felipe V de, 93
Borbones, los, 113, 144, 145
Borrás, Tomás, 177
Boves, Tomás, 162, 163, 336
Braganza, María Francisca de, 149
Braña y Balbín, Domingo, 117
Bright, John, 97
Brossa, Joan, 290, 291
Brown, William, 162
Brunswick, Isabel de, 86
Bujeda, Jerónimo, 239
Bullón de Mendoza, A., 336
Buonarroti, Miguel Ángel, 43
Burdiel, I. M., 337
Bush, George W., 315

Casanova, Rafael, 83
Cabarrús, Francisco, 110
Cabezas, Esteban, 276
Cadenas, Juan José, 177
Calamita y Ruy-Wamba, Luis, 239, 242
Calders, Lluís Joan de, 68
Calomarde, Francisco Tadeo, 148

Calvo Sotelo, Joaquín, 177
Calvo Sotelo, José, 229
Camba, Julio, 176
Campesino, el, 276
Campoamor, Clara, 200, 201, 202, 203, 204, 205, 206, 339
Canals, J., 337
Candano, X., 341
Capmany, Maria Aurèlia, 292
Carlos, archiduque, 86, 87, 94
Carlos de Anjou, 23
Carlos, I, 51, 54, 55, 56, 57, 143, 145, 147, 148, 150, 333, 337
Carlos II, 86
Carlos III, 99
Carlos IV, 107, 108, 109, 110, 111, 112, 144, 145, 146
Carlos María Isidro, infante, 133, 145, 149
Carlos V, 36, 41, 44, 53, 63, 64, 86
Carlota, Luisa, 143
Carner, Jaume, 218
Carnesecchi, Pietro, 43
Carod-Rovira, Josep-Lluís, 300, 305
Carranza de Miranda, Sancho, 39
Carrillo, Santiago, 175, 245, 276
Carrillo, Wenceslao, 247
Casado, Segundo, 341
Casanova, Rafael, 87, 88, 334
Casanueva, Valeriano, 239
Casares Quiroga, Santiago, 188, 206, 237
Castañeda y Antelo, Miguel, 117
Castelar, Emilio, 99
Castro, Américo, 79, 80, 332
Castro Delgado, Enrique, 278
Cervantes, Juan de, 77
Cervantes, Miguel de, 75, 77, 78, 79, 80, 334
Cervantes, Rodrigo de, 77
Chaoui, Mohamed, 320
Churchill, Winston, 172
Cid Campeador, 22
Cierva, Ricardo de la, 339, 340
Cisneros, cardenal, 33, 34, 35, 36
Clarís, Pau, 67, 69, 71
Clemente, J.C., 337
Clemente VII, papa, 40, 41
Clodoveo, 16
Colinas Quirós, hermanos, 244
Companys, Lluís, 219
Cordoncillo, Carlos, 237
Cortinas, Leonor de, 77
Costa, Joaquín, 99, 170
Cuadro Jaén, Santiago, 308
Cuadro, Santiago, 309

Dalmau de Queralt, conde de Santa Coloma, 69
Daoíz, Luis, 116, 119, 120, 122, 123, 124
Del Olmo, juez, 311
Desclot, Bernat, 23, 329
Dezcallar, 307, 311, 312, 321
Díaz, José Luis, 280
Díaz, Alfonso, 43
Díaz de Mera, Agustín, 302
Díaz, Juan, 43
Díaz-Pintado, Pedro, 302, 309
Díaz-Plaja, Guillermo, 290, 342
Diego de Alcalá, fray, 54
Dimitrov, G., 281
Dolç, Miquel, 290
Domingo, Marcelino, 188, 190
Domínguez, Ángeles, 328
Duran, Pau, 69
Durán, Gustavo, 245
Duroc, Gérard, 111
d'Alvimar, Octaviano, 156

Éboli, príncipe de, 56
Egmont, conde de, 55, 56
Eguía, Miguel de 37, 43
Eguiguren, Jesús, 301
Elliott, J. H., 334
Elorriaga, Gabriel, 304
Encina, Juan de la, 175
Enrique IV, 56, 64
Enzinas, Francisco de 44
Enzinas, Jaime de 43
Erasmo, 32, 34, 36, 37, 38, 40
Escamez Mancebo, Virgilio, 236
Escoiquiz, 111, 113
Espriu, Salvador, 291
Esteva, 193
Estuardo, María, 55
Etruria, reina de, 113

Farnesio, Alejandro, 53
Felipe II, 44, 45, 51, 53, 54, 55, 56, 57, 63, 64, 78
Felipe III, 64
Felipe IV, 64, 72, 85
Felipe V, 85, 86, 87, 94, 99, 144, 145
Fenoll, padre, 69
Fernández Álvarez, Manuel, 333
Fernández Arias, A., 177
Fernández de la Vega, María Teresa, 290
Fernández Flórez, 176
Fernández, Francisco, 117
Fernando el Católico, 24, 25, 63
Fernando VII, 110, 111, 112, 113, 122, 131, 132, 133, 136, 141, 143, 144, 145, 146, 147, 148, 149, 150
Ferraté, Gabriel, 292
Ferrer Benimelli, J. A., 339
Figueras, Estanislao, 99
Flores, Consuelo, 240
Foix, J. V., 291
Folch i Camarasa, Ramon, 292
Fontana, J., 336
Francisco de Paula, infante, 114, 147
Franco, Francisco, 99, 181, 221, 247, 251, 260, 261, 262, 263, 266, 267, 268, 277, 287, 289, 290, 292, 293, 294, 341
Franco, Ramón, 192

Gabaldón, Jesús J., 177
Gabilondo, Iñaki, 303
Gachard, L. P., 333
Galarza, Ángel, 236, 239, 240, 242
Gálvez Ruiz, M. A., 336
Gándara Marvella, Gumersindo de la, 237
Gandía, Enrique, 159
Ganivet, Ángel, 169
García Atadell, Agapito, 241, 242, 243, 244
García de la Rosa, Arturo, 234
García Lorca, Federico, 136, 180, 337
García Montalvo, José, 323
García-Abadillo, Casimiro, 326, 328, 329, 343
Gardiner, Robert, sir, 97
Garrudo, Luis, 306
Garzón, Baltasar, 308
Geyler von Kayserberg, Johann, 32
Giardini, Cesare, 333
Gibson, Ian, 232
Gil Robles, José María, 218, 224

Ginés de Sepúlveda, Juan, 40
Giral, José, 188
Godoy, Manuel, 108, 109, 110, 111, 112, 336
Gogorza Lechuga, Manuel, 163
Goicoechea, Rafael de, 120
Gómez de la Serna, Ramón, 177
Gómez García, Ricardo, 276
Gómez, Martín, 308, 309
Gómez Molleda, María Dolores, 188, 339
Gonzaga, cardenal, 41, 42, 75
Gonzaga, Julia, 41, 42, 43
González, Felipe, 305
González, Juan, 117
González Peña, Ramón, 220
González Santos, L., 336
Gorkín, Julián, 278
Goya, Francisco de, 118, 124
Gracia, Anastasio de, 242
Granados, Enrique, 170
Granjel, L. S., 338
Grimaldi, marqués de, 95
Guardiola, Guerau de, 70
Guerra del Río, Rafael, 203
Guerrero, Jacinto, 177

Hafs Al Masri, Abu, 314
Hans, 276
Hechizado, Carlos II el, 85, 93
Hernández, Jesús, 179, 274, 278
Hernando, Teófilo, 175
Herrera, Julián, 136
Herrera Luque, F., 338
Herrero, Luis, 300
Hidalgo, Diego, 221
Hidalgo y Costilla Gallaga, Miguel, 156, 157
Higuera, E. D. de la, 336
Hilt, D., 334
Homero, 77
Honorio, papa, 32
Horne, conde de, 56
Huss, Jan, 31
Hussein, Saddam, 297

Ibarreche, 303, 304, 305
Idacio, historiador, 19
Iglesias, Pablo, 203, 341
Imaz, Josu Jon, 306
Infantado, duques del, 111
Inglaterra, Isabel de, 64
Isabel I, 24, 56
Isabel II, 134, 141, 144, 145, 146, 149, 150
Isidoro de Sevilla, 17, 19, 331
Izquierdo, Francisco, 337

Jaime I, 22, 23
Jardiel Poncela, Enrique, 177
Jáuregui, Julio, 262
Jesús, 25, 43
Jiménez Asúa, Luis, 178
Jiménez Fernández, Manuel, 218
Jiménez, Juan Ramón, 175
Jiménez Losantos, Federico, 326, 328, 329
Jorge I, 96
José I, 86
Josepho, Fray, 299
Jovellanos, Gaspar-Melchor de, 110
Juan de Austria, don, 53, 56
Juan, Honorato, 53
Juana, hija de los Reyes Católicos, 25, 144
Jufré, Juan, 160

Kaganovich, 281
Kamen, Henry, 91, 333, 335
Kent, Victoria, 200, 202, 203, 204
Kerry, John, 313
Kierkegaard, Søren, 171
Kohly, Vinay, 320
Koperler, 251
Kotov, 279
Kumar, Suresh, 320

La Parra, E., 336
La Parra, M. A., 336
La Trinca, 293
Lafora, Gonzalo, 175
Lagrange, Auguste, general, 114, 122, 123
Laín Entralgo, Pedro, 338
Largo Caballero, Francisco, 80, 204, 212, 215, 217, 237, 238, 240, 245, 274, 280, 282, 339
Leandro de Sevilla, 19
Lefranc, general, 123
Lejarzegui, Víctor, 264, 267
Lenin, Vladimir Ilic, 218
León, María Teresa, 180
León-Ignacio, J., 331
Lerroux, Alejandro, 188, 201, 214, 218
Líster, Enrique, 181
Litvinov, M. M., 279
Llach, Lluís, 293
Llamas, Carlos, 313, 318
Llamazares, Gaspar, 303, 305, 315
Llopis, Rodolfo, 191
Lloreda, Jacint, 87
López Benito, Manuel, 237
López Montenegro, Ramón, 177
López Ochoa, Eduardo, 221, 222
López, Óscar, 319
Lortz, Joseph, 32
Lovett, G. H., 333
Luca de Tena, Ignacio, 177
Luengo, 174
Luis de León, fray, 75
Luis XIII, 71
Luis XIV, 72
Luis XIV, 85
Luis XVI, 108
Luisa Carlota, 145, 147, 148
Luisa Fernanda, 146
Lutero, Martín, 33, 34, 37, 38

M'Crie, T., 330
Machado, Antonio, 170, 175, 181
Machado, hermanos, 169
Machado, Manuel, 181
Madariaga, Salvador de, 100, 223
Maeztu, Ramiro de, 169, 171, 175
Maimónides, 80
Malasaña y Oñoro, Manuela, 121
Maragall, Pascual, 294, 299, 300, 301, 311
Marañón, Gregorio, 172, 175, 334
Marchenko, Serguéi, 279
Marchesi Justicia, José, 187
María Cristina de Borbón, princesa, 143, 144, 146, 147, 148
María de Aragón, doña, 114
Marichalar, Antonio, 175
Maroto, 174
Marquina, Eduardo, 177

Martínez Barrios, Diego, 187, 205
Martínez Campos, C., 334
Mártir Vermigli, Pedro, 43
Massana, Josep, 69
Mata, Pedro, 177
Mateo, Pedro, 276
McKimlay, Alejandro, 177
Melanchthon, Felipe, 44
Meléndez Álvarez, Antonio, 117
Mélida, Pedro, 310
Melo, Francisco Manuel de, 333
Menéndez Pidal, Ramón, 169, 170, 175, 336, 337
Menéndez, Teodomiro, 220
Mera, Cipriano, 341
Merobaudes, 19
Miguel de Portugal, 149
Miguens, S., 337
Mikoyán, Anastás, 282
Millán Astray, Pilar, 177
Miquelarena, Jacinto, 177
Miranda, Francisco de, 159
Moa, Pío, 339, 340
Mola, general, 259
Molina, Antonio, F., 121, 338
Molotov, 281
Mongo, César, 319
Monroy Guerrero y Luyando, Manuel Cuevas Moreno de, 156
Montholon, conde de, 122
Montigny, barón de, 56
Montón, J. C., 335
Montseny, Federica, 99
Monzón, Francisco, 46, 47
Morán, G., 340
Moratinos, Miguel Ángel, 91, 101
Morcillo, M., 177
Morena, Jesús de la, 302
Moreno Torroba, Federico, 177
Moro, Tomás, 32
Múgica, Fernando, 326, 328, 329
Mulhacén, marqués de, 335
Muntaner, Ramón, 23
Muñí, Enrique, 156
Muñoz, Dolores, 133
Muñoz Martínez, Manuel, 232
Muñoz Seca, Pedro, 176
Murat, Joachim, 114, 115, 116, 117, 118, 121, 122, 124
Mussolini, Benito, *el Duce*, 261, 262, 264, 266

Nadal, Joaquim, 305
Nebrija, Antonio de, 34
Negrín, Juan, 174, 247, 271, 273, 275, 277, 278, 279, 280, 281, 283, 341
Nelken, Margarita, 173, 178, 200, 202, 203, 204
Nicodemo, 43
Nidal Ziad, Yusuf, 311
Nietzsche, Friedrich, 171
Novoa Santos, Roberto, 203

O'Higgins, Bernardo, 162
Olivares, conde-duque de, 65, 66, 67, 69, 70, 71, 334
Oreja Elósegui, Marcelino, 219
Orive, Alfredo, 275
Ortega y Gasset, José, 169, 171, 172, 175, 178, 191
Ortuño, Luis, 242, 243
Orosio, Paulo, 19
Osma, Pedro de, 34
Otegui, Arnaldo, 305, 307, 308, 309, 323

Pablo de Tarso, 39
Pacífico Otero, José, 159
Palmerston, lord, 97
Pan-Chao, 15
Paula, Francisco de, 143, 145, 148
Paulo III, 42
Pedrero García, Ángel, 242
Pedro I de Brasil, 162
Pedro III, 23
Pedrolo, Manuel de, 291
Pedrosa, Ramón, 135, 136
Peirats, José, 246
Pemán, José María, 177
Penabad, Pedro, 243, 244
Peña y Aguayo, Manuel, 134, 239, 280
Peralta y Valte, Manuel, 134
Pérez Amat, 291
Pérez de Ayala, Ramón, 175, 180
Pérez Rubalcaba, Alfredo, 315, 316, 319, 321, 322
Permach, Joseba, 309
Petronila de Aragón, 22
Pi i Margall, Francisco, 99
Piazzoni, general, 266
Piccirilli, R., 338
Pichardo, Manuela Ramos, 157
Pineda, don Mariano de, 133
Pineda Muñoz, Mariana, 129, 131, 133, 134, 135, 136, 137, 336, 337
Pino, Luis del, 329, 343
Pío, Ludovico, 20
Piqué, Josep, 100, 318
Pittaluga, Gustavo, 175
Pla, Josep, 202, 290, 292
Ponç i Cuixart, 291
Porcioles, José María de, 294
Prada, Alfredo, 302
Prieto, Indalecio, 204, 212, 214, 215, 217, 237, 241, 245, 247, 274, 275, 280
Primo de Rivera, José Antonio, 171
Primo de Rivera, Miguel, general, 99, 200
Puebla del Maestre, conde de la, 117
Pueyrredón, Juan Martín de, 158
Puig i Cadafalch, Josep, 290
Puig, Rafael, 70
Pujol, Jordi, 294, 306

Quintero, Antonio, 177

Rajoy, Mariano, 321
Ramírez, Pedro J., 305, 314, 326, 328, 329
Ramos, J. A., 336
Rato, Rodrigo, 318
Rayón, Mariano, 320
Recaredo, 17
Reglà, Joan, 292
Reina, Casiodoro de, 45, 46
Rey y Calvo, Clara del, 121
Reyes Católicos, 13, 25, 46
Riba, Carles, 292
Ribera de Perpejà, 23, 329
Richelieu, cardenal, 66, 70, 71
Rico, Pedro, 192
Ridruejo, Dionisio, 289, 342
Riego, Rafael de, general, 131, 133
Río Ortega, Pío del, 175
Ríos, Fernando de los, 177, 188
Rivas-Xerif, Cipriano, 178
Roatta, general, 266
Rocaguinarda, Perot, 65

Rocamora, Ginés de, 46
Roces, Wenceslao, 178
Rodrigo, A., 336
Rodríguez, Carlos de Juan, 241
Rodríguez, Joaquín, 276
Rodríguez Lozano, capitán, 221
Rodríguez Zapatero, José Luis, 91, 101, 102, 221, 290, 297, 301, 303, 305, 309, 313, 314, 315, 316, 319, 323, 325, 328
Rooke, 86, 94
Rosillo, 177
Ruiz de Alcaraz, Pedro, 35, 37
Ruiz-Gallardón, Alberto, 303

Sacaluga, Miguel Ángel, 319
Saez Abad, R., 332
Sagarra, Josep Maria de, 291, 292
Salamanca, marqués de, 134
Salazar Alonso, 215
Sala i Ferrer, Joan, *Serrallonga*, 65
Salmerón, Nicolás, 99
San Carlos, duque de, 111
San Martín, José de, 157, 158, 159, 160, 161, 162, 164
San Simón, marqués de, 123
Sánchez Albornoz, Claudio, 80
Sánchez Gómez, P., 336
Sánchez-Manzano, Jesús, 302, 308, 309, 310, 324, 326, 327, 328
Sancho de Navarra, 21
Sanjurjo, José, general, 211
Santa Coloma, virrey, 68
Santano, Miguel Ángel, 308
Sarroca Tomás, Pablo, 244
Sarsanedas, Jordi, 292
Sassone, Felipe, 177
Sayagües, Prudencio, 244, 245
Schiller, Friedrich, 57, 333
Schopenhauer, Arthur, 171
Seco Serrano, Carlos, 336
Semprún, J., 338
Sentmenat, Enric de, 68
Sentmenat, Miquel de Torrella i de, 69
Sentmenat, Ramon de, 69
Serrahima, Maurici, 291
Serrat, Joan Manuel, 293
Show, D. L., 336
Simancas, Rafael, 306
Sisebuto, 18
Soldevila, Ferran, 292
Stalin, Joseph, 215, 250, 271, 273, 277, 278, 280, 281, 283, 341
Stanhope, William, 95, 96
Sudoplatov, Pavel, 278
Sutherland, Halliday, 98

Tàpies, Antonio, 291
Terradillos, Ana, 303, 310, 314
Tharrats, 291
Thomas, W., 333
Toreno, conde de, 335
Toro, Carmen, 326, 327
Torrado, Adolfo, 177
Torres, Humberto, 192
Toynbee, Arnold J., 98
Trillo, Federico, 302, 307
Tristán La Rosa, 291
Tudela, M., 334
Turina, Joaquín, 177

Ugarte, Iñaki, 264, 267
Ulibarri, Gámir, 260, 261
Unamuno, Miguel de, 169, 170, 171, 172, 173, 176

Uribarri Barrutell, Manuel, 245
Uribe, Vicente, 280

Valdés, Alfonso de 36, 40
Valdés, Juan de, 35, 36, 37, 38, 39, 40, 41, 42, 47, 332
Valdivieso Montaño, A., 336
Valente, emperador, 15
Valentín Gamazo, Javier, 239
Valentín Gamazo, José Antonio, 239
Valentín Gamazo, Luis, 239
Valentín Gamazo, Marcelino, 238, 239
Valera, Cipriano de, 45, 46
Valla, Lorenzo, 32
Valle-Inclán, Ramón del, 169, 171
Valois, Isabel de, 57, 78
Varela, Nacho, 319
Vázquez Dodero, José Luis, 175
Velarde, Pedro, capitán, 116, 119, 120, 122, 123, 124
Vera, Rafael, 319
Verdaguer, Jacint, 290
Verdi, Giuseppe, 57, 333
Vergerio, Pierpaolo, 43
Vicuña Mackenna, Benjamín, 158
Vidal, César, 336, 337, 338, 340, 341
Vidarte, 191, 192, 204
Vigilio, papa, 32
Vila, David, 291
Vila, María, 291
Villescas, marqués de, 70, 117
Vives, Luis, 32
Vives, Vicenç, 292
Voroshilov, 282

Wycliffe, John, 31

Yezhov, 282

Zambrano, marqués de, 147
Zapiola, José Matías, 159
Zarzalejos, Javier, 315
Zhougham, Jamal, 320
Zuloaga, Ignacio, 170

OTROS TÍTULOS DE LA COLECCIÓN

ADOLF HITLER
UNA BIOGRAFÍA NARRATIVA

John Toland

Adolf Hitler, una biografía narrativa evita los juicios de valor y ofrece datos concretos y una avalancha de detalles sobre una de las figuras claves para entender el siglo pasado. John Toland describe a un Hitler humano y aterrador: el responsable de la «Solución final» y antisemita obsesivo, por el temor a que uno de sus abuelos pudiera haber sido judío, se nos muestra así como un niño aficionado a jugar a «indios y vaqueros» o un adulto hipocondríaco con miedo a tener cáncer. Una lectura apasionante, terrible y veraz.

YO, COMANDANTE DE AUSCHWITZ

Rudolf Höss

Yo, comandante de Auschwitz es el autorretrato de uno de los personajes más monstruosos de todos los tiempos: Rudolf Höss, el hombre que seguramente más supo sobre el modo en que los nazis intentaron llevar a cabo la así llamada «solución final». Capturado por los ingleses al finalizar la guerra, se le ordenó escribir estas memorias, tarea que al parecer disfrutó y que acometió con la mayor sinceridad. Höss fue sentenciado a muerte y ahorcado en Auschwitz.